Gunter Péus

Wir
vom Jahrgang
1931
Kindheit und Jugend

Impressum

Bildnachweis:

Archiv Gunter Péus: Umschlag, S. 6, 9, 10, 15, 16 o./u., 17, 22 o./u., 23, 25, 27, 32, 33, 35, 39, 43, 47, 63; Christof Pfau, Mannheim: S. 7; Archiv Georg Fruhstorfer: S. 18, 24; Hagen Kraak, Gütersloh: S. 20, 48; Stadtarchiv München – Rudi-Dix-Archiv: S. 21; Quelle unbekannt: S. 26, 55; Hildegard Kohnen, Brühl: S. 28, 40; Archiv der Hannoverschen Allgemeinen Zeitung: S. 38; Gertrud Seehaus, Großburgwedel: S. 42; Stadtarchiv Düsseldorf: S. 52; Toni Stirtz, Darmstadt: S. 54; Staatsarchiv Hamburg: S. 59 u., 60; Doris Latzinka, Halle: S. 62 u.; Friedrich und Rosemarie Veith: S. 62 o.; ullstein bild – Peter Weller: S. 8; ullstein bild – dpa: S. 11, 51, 58; ullstein bild – ullstein bild: S. 12, 30; ullstein bild – Inter-News: S. 13 l.; ullstein bild – United Archives/90060: S. 13 r.; ullstein bild – Heritage Images/National Moto Museum: S. 19; ullstein – Brumshagen: S. 31; ullstein bild – Schnellbacher: S. 34; ullstein bild – Süddeutsche Zeitung Photo: S. 37; ullstein bild – Paul Mai: S. 44; ullstein bild – KPA: S. 61; picture-alliance/akg-images: S. 29, 46, 53, 56, 59 o.

Wir danken allen Lizenzträgern für die freundliche Abdruckgenehmigung. In Fällen, in denen es nicht gelang, Rechtsinhaber an Abbildungen zu ermitteln, bleiben Honoraransprüche gewahrt.

15. Auflage 2022
Gestaltung und Satz: r2 | Ravenstein, Verden
Druck: Druck- und Verlagshaus Thiele & Schwarz GmbH, Kassel
Buchbinderische Verarbeitung: Buchbinderei S. R. Büge, Celle
© Wartberg-Verlag GmbH
34281 Gudensberg-Gleichen • Im Wiesental 1
Telefon: 056 03/9 30 50 • www.wartberg-verlag.de
ISBN: 978-3-8313-3031-7

Liebe 31er!

Wir vom Jahrgang 1931 haben unsere Kinder- und Jugendzeit in einschneidender Weise erlebt, nämlich während der zwölfjährigen Herrschaft der Nationalsozialisten im Dritten Reich und des Zweiten Weltkrieges. Wir sind in einer Diktatur aufgewachsen und wir sind Kriegskinder.

Doch wir 1931er unterscheiden uns von den anderen deutschen Jahrgängen noch in besonderer Weise: Man rechnet uns zu den „weißen Jahrgängen". Das bedeutet: Wir waren am Ende des Zweiten Weltkriegs als knapp Vierzehnjährige zu jung, um noch als letztes Aufgebot zur Wehrertüchtigung, zu den Flakhelfern oder zum Volkssturm eingezogen zu werden, und später, nach dem Aufbau der Bundeswehr, waren wir schon in so fortgeschrittenem Alter, dass wir nicht mehr zur allgemeinen Wehrpflicht herangezogen wurden.

Andererseits teilen wir mit den Altersgenossen der während der 30er-Jahre Geborenen eine oft bedrohliche gemeinsame Erfahrung: Wir sind während der Herrschaft der Nationalsozialisten aufgewachsen, haben das gesamte Dritte Reich als Kinder und Jugendliche erlebt und in ihm die Fährnisse und Schrecken des Zweiten Weltkriegs von 1939 bis 1945 während dessen gesamten Verlaufs in schulpflichtigem Alter durchgestanden. Das heißt, wir haben überlebt! Manche von uns verloren in dieser Zeit ihre Eltern; der Vater an der Front gefallen, die Mutter in einer Bombennacht oder auf der Flucht aus den Ostgebieten umgekommen. Wir erinnern uns an nächste Verwandte, an Onkel, Tanten, Neffen und Nichten oder gar Geschwister, die diese Zeitspanne als Geschädigte, Flüchtlinge, Verletzte oder Tote hinterließ.

Wir 1931er sind ohne eigenes Verdienst im wahren Sinne „davongekommen". So erlebten wir, noch immer jung, die Wiederaufbaujahre der Bundesrepublik, die Währungsreform, die neue Warenvielfalt, das Wirtschaftswunder, den relativ problemlosen Zugang zu Lehrstellen, Ausbildungsplätzen und Universitäten.

Unsere Kindheit und Jugend hat unseren späteren Weg als Erwachsene bis ins Alter geprägt. Folgen Sie mir in die Welt der Erinnerungen aus einer Zeitspanne, die sich vom Alltag unserer Gegenwart so grundlegend unterscheidet.

Gunter Péus

1931-1933 In einer Zeitenwende geboren

Aufstieg der NSDAP

Als wir geboren wurden, hatten unsere Eltern die „goldenen Zwanziger" erlebt, die einer Verdrängung des verlorenen Ersten Weltkriegs gleichkamen, während derer sie sich kennen und lieben gelernt hatten, eine Zeit der Wiederentdeckung der Lebensfreude, die in Mode und Kunst zu einem neuen Stil, auch zu Übertreibungen führte, aber auch eine Phase innenpolitischer Unrast und gewalttätiger Unruhen, als sich linke und rechte Gruppierungen Straßenschlachten lieferten.

So wie unsere Generation erlebten schon unsere Eltern eine Nachkriegszeit, gerade als sie begannen, eine Familie zu gründen. Es sind die Jahre nach der Haager Schlussakte vom Januar 1930, die die deutschen Reparationszahlungen festlegte. Sechs Monate später verließen die letzten alliierten Besatzungstruppen das Rheinland. Wieder drei Monate später machte die Reichstagswahl die NSDAP überraschend zur zweitstärksten Fraktion hinter der SPD. In unserem

Chronik

5. Januar 1931
Hitler ernennt Ernst Röhm zum Leiter der paramilitärischen, 70 000 Mitglieder zählenden Sturmabteilung (SA).

5. Februar 1931
Goebbels bekräftigt im Reichstag die radikale Opposition der Nationalsozialisten zum parlamentarischen System.

1. Mai 1931
Das Empire State Building in New York wird eingeweiht: Mit 381 Metern und 102 Stockwerken ist es das höchste Gebäude der Welt.

9. Juli 1931
Der Preußische Landtag ordnet die Entfernung des Antikriegsromans „Im Westen nichts Neues" aus allen Schulbüchereien an.

12. September 1931
Am jüdischen Neujahrstag demolieren Berliner SA-Männer Geschäfte und misshandeln Passanten, die sie für Juden halten.

24. Oktober 1931
In Chicago wird Al Capone (1899–1947) wegen Steuerhinterziehung zu elf Jahren Gefängnis und 50 000 Dollar (210 000 Reichsmark) Geldstrafe verurteilt.

25. Februar 1932
Hitler wird Regierungsrat in Braunschweig, wodurch er die deutsche Staatsbürgerschaft erhält, die seine spätere Reichspräsidentschaft ermöglicht.

31. Juli 1932
Reichstagswahl: Die NSDAP wird mit 37,4 % stärkste Fraktion und stellt mit Hermann Göring den Reichstagspräsidenten.

2. September 1932
Stalin und Mussolini schließen einen Nichtangriffs- und Freundschaftsvertrag.

26.–30. Januar 1933
Schleicher verlangt die diktatorische Vollmacht, Hindenburg lehnt ab, Schleicher tritt zurück; Hindenburg ernennt Hitler zum Reichskanzler.

20./21. März 1933
Erste KZs in Dachau und Sachsenhausen zur Internierung von politischen Gegnern.

Geburtsjahr 1931 stieg die Zahl der Arbeitslosen auf weit über drei Millionen; sie wird nun als Indikator für die Gefährdung der Weimarer Republik empfunden.

Unsere Eltern erleben den Übergang zur Moderne

Unser Geburtsjahr, überhaupt die frühen 30er-Jahre, markiert eine Zeitenwende nicht nur politisch, jetzt vollzieht sich der Übergang zur Moderne und wird sicht- und spürbar auf vielen verschiedenen Gebieten. Trotz der anhaltenden Wirtschaftskrise seit dem New Yorker Bankenkrach von 1929 melden Industrie und Technik zukunftsträchtige Fortschritte: Die ersten Großrechner werden installiert, neue Kunststoffe beginnen, den Rohstoff Kautschuk zu ersetzen.

Neben den neuen Erfindungen machen die modernen Entdeckungen Schlagzeilen: Im Mai 1931 fand ein Suchtrupp die Leiche des berühmtesten deutschen Polarforschers Alfred Wegener im ewigen Eis. Er war im November des Vorjahres während seiner bisher größten Grönland-Expedition erfroren. In Asien beginnt der Ansturm auf die höchsten Berge des Himalaya, und die Taucher wagen sich in immer tiefere Meeresregionen. Es

scheint, als ob gerade die weltweite Depression die Menschen zu neuen Ufern drängt. Das zeigt sich demonstrativ im Alltagsleben der Gesellschaft, in Mode und Kultur. Unsere jungen Mütter trugen auch Anfang der 30er-Jahre noch die eleganten, glockigen, volantreichen Röcke aus den Endzwanzigern, dazu die Kappen und asymmetrischen Hüte, den Pagenkopf, die schmal gehaltenen Augenbrauen. Unsere Väter schafften sich, wenn sie nicht arbeitslos waren, Manschettenknöpfe und Ringe mit Halbedelsteinen wie Onyx und Lapislazuli an; der Hut war ein Muss beim Ausgehen, die Schiebermütze für die Freizeit und der Zylinder üblich bei Beerdigungen. Die Unterhaltungsindustrie lenkte ab von den Unbilden der wirtschaftlichen Lage: Sie bot mit avantgardistischen Theaterinszenierungen, Ausdruckstanz, Jazzkonzerten und Ausstellungen mit Werken abstrakter und surrealistischer Malerei ein von klassischer Überlieferung freies Programm, zu dem auch der aufkommende Tonfilm beitrug.

Die Mütter: Hausfrau als Hauptberuf

Wir Babys von 1931 werden derweil, jedenfalls als Stadtkinder, hygienisch wohlversorgt in Krankenhäusern geboren. Unsere Väter haben derzeit noch keinen Zugang zum Kreißsaal und wünschen dies auch nicht. Die meisten unserer Mütter gehen keiner Arbeit nach, sie sind Hausfrauen im Hauptberuf

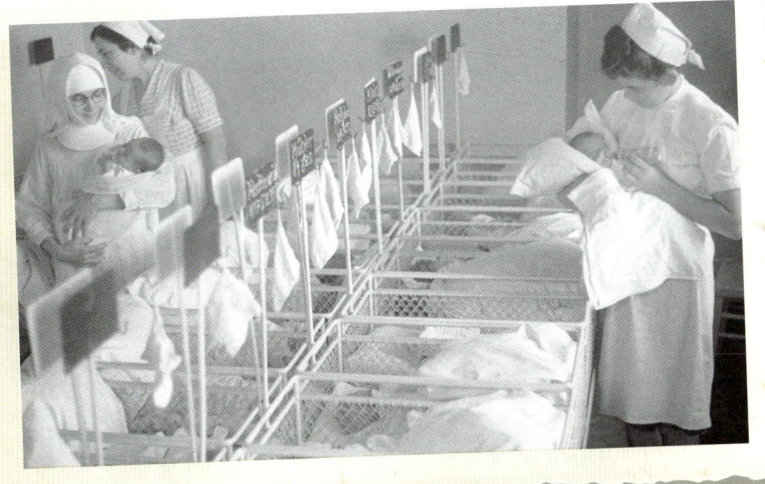

und damit vollbeschäftigt. Die wenigsten können sich eine Haushaltshilfe oder einen Babysitter leisten, unsere Ernährung, Pflege und Zuwendung liegt allein in ihren Händen. Sie rubbeln sich wund an den Waschbrettrillen in der Zinkwanne. Im großen Topf auf dem Gasherd kocht die Mutter die Windeln aus. Nicht wenige Eltern sind wegen der steigenden Arbeitslosigkeit auf die Hilfe von Kirchen- und Wohlfahrtsverbänden angewiesen. Manche Väter betätigen sich als Gelegenheitsarbeiter bei der Ernte auf dem Land oder in der Stadt als Straßenverkäufer.

Sechs Millionen Arbeitslose

Die Hauptnachrichtenquelle ist die Tageszeitung. Sie berichtet in unserem Geburtsjahr über die zunehmende Radikalisierung des innenpolitischen Kampfes in Deutschland, vor allem durch die Braunhemden der Nationalsozialisten. Andere Schlagzeilen ruft der Bankkrach hervor, der zur Schließung von Banken, Sparkassen und Börsen führt. Die Regierung sieht sich wiederholt zum Erlass von Notverordnungen zur Sicherung von Wirtschaft und Finanzen und der Staatsautorität veranlasst; letztere verbietet die Kampforganisationen der NSDAP, die SA und die SS. Als

sich 1931 auf einer Tagung in Bad Harzburg die Nationalsozialisten, die Deutsch-Nationalen und der Stahlhelm zur „Harzburger Front" und damit zur Formierung einer nationalistischen Opposition zusammenschließen, deutet sich schon das nahe Ende der Weimarer Republik an. Schon im nächsten Jahr wird das Verbot von SA und SS wieder aufgehoben mit der Folge bürgerkriegsähnlicher Straßenkämpfe zwischen der SA und Kommunisten. Die Arbeitslosenziffer übersteigt sechs Millionen und wird in den folgenden Jahren nicht unter fünf Millionen fallen.

1. bis 3. Lebensjahr

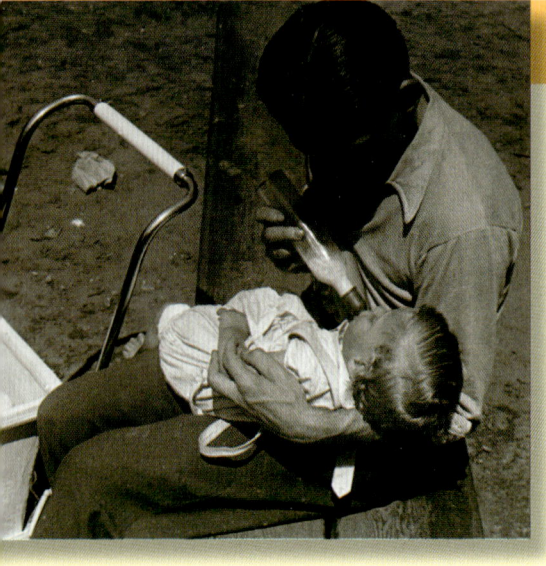

Wohlgenährt und weich gebettet

Wir 1931er kannten keine Fertigspeisen; unsere Mütter bereiteten unsere Nahrung selbst zu. Die Mutter- oder Flaschenmilch wurde abgelöst durch selbst gerührte Breie aus Hirse, Grieß oder Haferflocken, etwas später von Gemüse und Obst, von Hand zerkleinert, zerstampft oder im Wolf durchgedreht.

Wir lagen in Stubenwagen aus Korbgeflecht oder hölzernen, weiß lackierten Kinderbetten, ausgestattet mit einem Scharniergitter, hochgestellt zum Schutz der Kleinen und abgeklappt, um der Mutter das Zubettbringen zu erleichtern. Um einschlafen zu können, nahmen wir den Daumen zum Lutschen oder ein Baumwolltuch an die Lippen; der Schnuller war noch nicht so verbreitet wie heutzutage. Die Wachzeiten tagsüber verbrachte das Krabbelkind auf einer Wolldecke im Laufstall, einem zusammenklappbaren Viereckgitter mit runden Stäben, an denen sich das Baby aufrichten und so zum ersten Mal selbständig auf den Beinen stehen konnte. Dieses nützliche Möbel, da nicht billig, war ein beliebtes Ausleihobjekt und wanderte von Familie zu Familie, sobald sich dort Nachwuchs angemeldet hatte.

Lebertran für die Gesundheit

Als wir dann das Stehen und Laufen gelernt hatten, erweiterte sich das Lebens- und Erlebnisumfeld rasch. Wenn wir mit dem Vater unterwegs waren – was seltener anstand –, bekamen die Abwechslungen eine sportliche Note: Man konnte sich an Papas Armen im Kreis fliegend herumschwenken lassen oder sah bewundernd zu, wie der von Vater geschleuderte flache Stein auf der Oberfläche des Teiches oder Stadtsees mehrfach hüpfen konnte. Und ein gefaltetes Papierboot konnte, vom Wind getrieben, eine ganze Weile schwimmen. Enten und Tauben zu füttern gehörte allemal zu solchen kleinen Ausflügen. Die Aussicht darauf überwand schließlich den Widerwillen gegen den vorgestreckten Esslöffel voller Lebertran, den die Gesundheitsapostel jener Zeit den Eltern zur täglichen Verabreichung empfahlen. Eine andere, auch wenig angenehme frühe Erinnerung an den kindlichen Speisezettel knüpft sich an den tiefgrünen Brei aus Spinat, der damals nicht grobblättrig zerteilt, sondern sämig, schleimig zubereitet wurde. Zum Einschlafen gehörte jedes Mal ein kleines Zeremoniell, wenn Mutter uns die Kindergebete sprechen ließ: „Ich bin klein, mein Herz ist rein ..." und „Lieber Gott, mach' mich fromm, dass ich in den Himmel komm' ..."

Der „Pullman"-Kinderwagen als Status-Symbol

Der Kamm als Musikinstrument

Die gängigen Spielsachen wie Bälle und Bauklötze verloren an Attraktion in diesem Alter, wenn „Mutti" in der Küche ihre Topfdeckel aus Aluminium herausrückte: Die machten, wie Konzertbecken aneinandergeschlagen, den meisten Krach. Auf die Kochtöpfe passten die von uns so oft malträtierten, vielfach verbeulten Abdeckungen danach nur noch notgedrungen wacklig,

Kleine Schreihälse beruhigte
das Schaukelpferd

wurden aber weiterhin benutzt. Tonlich und an Beliebtheit überlegen war nur noch der bunte Brummkreisel, ein Geschenk der Lieblingstante zum Geburtstag, als unsere Arme schon kräftig genug waren, um das wunderschöne Ding durch wiederholtes Aufstoßen an seinem Stangengriff auf dem Linoleumboden ins Kreiseln und melodische Summen zu bringen. Eigene summende Töne brachten wir auf einem mit Pergamentpapier umwickelten Kamm zustande, so lange, bis die Umstehenden entnervt baten, damit Schluss zu machen. Das lauteste Geräusch in den Wohnungen unserer Kinderzeit war das Klavierspiel der Mutter oder der Geschwister; eine Stereoanlage gab es noch nicht, allenfalls bastelten die Männer am Radio oder am Detektor, wenn sie sich noch kein Radio leisten konnten. Dann saß Vater mit seinen Kopfhörern am Küchentisch oder auf dem Balkon und tastete mit dem Drahtende einen Kristall ab, um einem der wenigen Sender auf die Spur zu kommen. Unsere technisch interessierten Väter entdeckten nun auch ihre Leidenschaft für die Fotografie – sie hantierten mit unförmigen Kameras, die das Negativ auf eine hinter das Objektiv zu schiebende Glasplatte bannten.

Berthold Brecht verlässt Deutschland

Berthold Brecht, der politische Dichter

Bertolt (Eugen Berthold Friedrich) Brecht wird am 10. Februar 1898 in Augsburg geboren. Seit 1920 arbeitet Brecht in der Theater- und Literaturszene Berlins. Gemeinsam mit dem Komponisten Kurt Weill gestaltet er 1928 die „Beggar's Opera" als „Dreigroschenoper" um, die in Berlin mit großem Erfolg uraufgeführt wird. Seine Werke sind stets politisch, er setzt sich u. a. für die Probleme des Proletariats ein.

Bereits einen Tag nach dem Reichstagsbrand, am 28. Februar 1933, verlässt er mit seiner Familie Deutschland und begibt sich über Prag nach Wien und letztlich über die Schweiz nach Dänemark. Im selben Jahr werden seine Werke im Deutschen Reich verbrannt. 1935 wird ihm die deutsche Staatsbürgerschaft aberkannt. Brecht widmet sich dem Kampf gegen den Faschismus. 1939 flüchtet er weiter nach Schweden, nach dem Einmarsch der deutschen Truppen in Dänemark und Norwegen nach Finnland. 1941 übersiedelt er nach der Uraufführung von „Mutter Courage und ihre Kinder" in Zürich in die USA. Seit 1949 lebt Brecht wieder in Ostberlin und wird Vizepräsident der Akademie der Künste, Präsident des PEN-Zentrums. Bertolt Brecht stirbt am 14. August 1956 an den Folgen eines Herzinfarkts.

Puffreis auf dem Kindersitz

Für uns Kinder hatte die Arbeitslosigkeit so manchen Vaters auch Vorteile – er hatte mehr Zeit für uns. Um das Haushaltsgeld aufzubessern, entdeckten zeitweise Erwerbslose den Straßen- und Haushandel für sich. Sie setzten sich aufs Fahrrad und nahmen ihren Sprössling, Junge oder Mädchen, mit: Die genossen die Fahrten auf dem Kindersitz hinter dem Lenker, wo sie die Beine ausstrecken konnten und auf den an der Vordergabel befestigten gezackten Schienen Halt fanden. Vater führte einen Rucksack oder eine auf den Gepäckträger geklemmte Tasche voller Handelsware für den täglichen Gebrauch mit sich, von Toilettenartikeln wie Seife, Zahnbürsten nebst Zahnpasta bis zu Süßigkeiten aller Art. Damit fuhr er von Haustür zu Haustür, erklomm die Treppenhäuser von Etage zu Etage, klingelte an den Wohnungstüren und erwarb so viele Stammkunden. Wenn am Tagesende von dem süßen Zeug

Fahrrad mit Kinderanhänger

etwas übrig blieb, durften wir Kinder zugreifen – die Körner des in kleinen Schachteln verpackten, buntgefärbten Puffreis' waren unsere Lieblingsnascherei. Wenn Vater ein kleines Bündel Reichsmarknoten beisammen hatte, pflegte er auf der Heimfahrt die populären Weill'schen Melodien aus der Dreigroschenoper von Bertolt Brecht zu pfeifen, die gerade verfilmt worden war. Und er rechnete sich aus, dass er heimlich ein paar Mark von der Einnahme abzweigen konnte zum Kauf der einen oder anderen Briefmarke beim Vereinstreffen der Briefmarkenfreunde, um eine Lücke in seiner Sammlung schließen zu können.

Prominente 1931er

14. Jan. **Caterina Valente,** *italienische Schauspielerin und Sängerin*

16. Jan. **Johannes Rau,** *deutscher Politiker (SPD)*

17. Jan. **Lolita,** *österreichische Sängerin*

30. Jan. **Gene Hackman,** *US-amerikanischer Schauspieler*

31. Jan. **Hansjörg Felmy,** *deutscher Theater- und Filmschauspieler*

1. Feb. **Boris Jelzin,** *russischer Politiker und Staatspräsident*

4. Feb. **Maria Estela Martinez Perón,** *argentinische Politikerin und Staatspräsidentin*

8. Feb. **James Dean,** *US-amerikanischer Filmschauspieler*

2. März **Michail Gorbatschow,** *sowjetischer Präsident*

17. April **Bill Ramsey,** *deutsch-amerikanischer Jazz- und Schlagersänger*

2. Aug. **Ruth Maria Kubitschek,** *deutsche Schauspielerin*

19. Aug. **Marianne Koch,** *deutsche Filmschauspielerin und Ärztin*

7. Okt. **Desmond Tutu,** *südafrikanischer Bischof und Friedensnobelpreisträger*

Auch ein 31er: Schauspieler James Dean um 1955

Eine von uns: Sängerin und Schauspielerin Caterina Valente

1934–1936

Die uns prägende Periode der Kinderzeit

Die Deutschen schöpfen Hoffnung

Während unserer Kindheitsperiode verfestigte sich die Bewegung des National-
sozialismus, gefördert durch öffentliche Arbeitsbeschaffung und den dadurch
ausgelösten Konjunkturaufschwung. Kein Regime hat sich je zuvor so zu feiern
gewusst. Auf dem Nürnberger Parteitag 1934 signalisieren die Marschblöcke von
SA und SS und ihre Fahnenwälder, dass die Machtergreifung abgeschlossen ist.
Hinzu kommt internationale Anerkennung, als im Januar 1935 der Völkerbundsrat
die Rückgabe des französisch verwalteten Saargebiets an Deutschland
beschließt und Hitler im März 1936 die nach dem Ersten Weltkrieg entmilitarisierte
Zone des Rheinlands vertragswidrig, doch widerstandslos besetzen kann. Im
August 1936 erleben die Deutschen auf eigenem Boden die glanzvolle Eröffnung
der Olympischen Spiele von Berlin und sehen einige ausländische Mannschaften

Chronik

30. Juni 1934
Röhm-Putsch: Hitler und die Gestapo liquidieren vermeintliche Staatsfeinde ohne gerichtliches Urteil. Unter den über 200 Ermordeten sind SA-Stabschef Ernst Röhm, General Schleicher und Georg Strasser, Reichsorganisationsleiter der NSDAP.

2. August 1934
Hindenburg stirbt. Hitler übernimmt das Amt des Reichspräsidenten und nennt sich „Führer und Reichskanzler". Die Reichswehr wird auf die Person Hitlers vereidigt.

15. Januar 1935
„Rasse- und Vererbungslehre" wird verbindliches Fach an allen Schulen.

1. März 1935
Übergabe des Saargebiets an das „Deutsche Reich".

26. Juni 1935
„Reichsarbeitsdienstgesetz": Frauen und Männer zwischen 18 und 25 Jahren werden zum halbjährigen Arbeitsdienst verpflichtet.

10. August 1935
Ehen zwischen Juden und Nichtjuden werden verboten.

10. September 1935
Auf dem Reichsparteitag verkündet Hitler die „Nürnberger Gesetze": Diskriminierung von Juden auf rechtlicher Grundlage nach biologischen Kriterien.

7. März 1936
Deutsche Truppen fallen in das Rheinland ein.

29. März 1936
Reichstagswahl: Die NSDAP erhält 99 % der Stimmen.

24. Mai 1936
Aus Deutschland emigrierte Politiker rufen in Paris zum Widerstand gegen das NS-Regime auf.

19. Juni 1936
Max Schmeling besiegt in New York Joe Louis durch K.o.

1. August 1936
Hitler eröffnet in Berlin die Olympischen Spiele.

ins Stadion einziehen, die vor der Ehrentribüne den Hitlergruß mit erhobenen Armen entbieten.

Die Propagierung eines Vierjahresplans im Oktober 1936 bestärkt die Hoffnung der Bevölkerung auf bessere Zeiten. Mit dem schon drei Jahre vorher eingeführten Winterhilfswerk sollen individuelle Not gelindert und das Gemeinschaftsgefühl gefördert werden. Bei uns Kindern werden die von Jahr zu Jahr unterschiedlichen, jeweils als kunstgewerblich attraktiv ausgeführten Motivreihen der Abzeichen für die Spendergroschen zu begehrten Sammelobjekten.

Dank der NS-Gemeinschaft „Kraft durch Freude" (KdF), die der politisch motivierten Freizeitgestaltung dienen soll, aber sich immer mehr zu einer allgemein beliebten und preisgünstigen Reiseorganisation entwickelt, können sich unsere Eltern mindestens einmal im Jahr während des Urlaubs Ferienreisen, auch per Schiff, erlauben und so die nähere und fernere Heimat und die Nachbarn kennenlernen.

4. bis 6. Lebensjahr

In Großvaters Bollerwagen

Für uns Kinder bedeutete die bis zu dreiwöchige Abwesenheit der Eltern eine engere Bindung an die Verwandtschaft. Besonders die Großeltern, die uns während des Urlaubs von Vater und Mutter aufnahmen und betreuten, wurden so zu wichtigen Bezugspersonen und blieben es auch nach der Rückkehr der Eltern. Wenn Großvater, Mitglied eines Kleingartenvereins, zu seiner Gartenkolonie aufbrach, nahm er uns mit, und damit begannen Erlebnisse, die sich bis ins Erwachsenenleben als prägende Erinnerungen erweisen sollten. Da gab es die Laube, jenes enge, hölzerne Gartenhäuschen, in dem bei Regen Großeltern und Enkel beieinanderhockten, die belegten Brote ausgepackt wurden und Großvater seine lange Reservistenpfeife stopfte, während Oma Geschichten aus ihrer Jugendzeit erzählte. Der Geruch der aufgehängten Bündel getrockneter Kräuter steckt uns noch heute in der Nase.

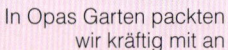

In Opas Garten packten wir kräftig mit an

Da gab es die knarrende Pumpe aus Gusseisen mit ihrem geschwungenen und verzierten Schwengel und die Gießkanne aus Zink, die wir, unseretwegen nur halb gefüllt, zu unserem eigenen Pflanzbeet trugen, das uns Opa zugeteilt und vorbereitet hatte. Wir hantierten mit kindgerechten Miniaturspaten und -rechen und lernten, dass es sich lohnte, mit Kehrblech, Schaufel und Eimer Dünger von der Straße aufzulesen, den dort die noch vielfach eingesetzten Zugpferde, stämmige Kaltblüter vor den Brauerei-, Kohlen- und Milchwagen, als Pferdeäpfel hinterließen. Wir ernteten unsere eigenen Möhren und Radieschen und pflückten Blumen, Margeriten oder Löwenmaul, vom eigenen Beet. Das Nonplusultra dieser Ausflüge in die eingezäunten städtischen Naturparadiese waren jedes Mal der Hin- wie der Rückweg, unsereins sitzend im Bollerwagen, geduldig vom Großvater über das Kopfsteinpflaster gezogen, dann ordentlich rüttelnd oder knirschend, wenn es einen sandigen Fußweg entlangging.

Liebig-Sammelbilder

Abends in Omas Bilderwelt

Abends durften wir Oma helfen, ihre in Bündelschlingen eingekaufte Strickwolle aufzubereiten, indem wir die Wollfäden zwischen unsere Hände spannten, damit sie Oma zu runden Knäueln strickfertig aufwickeln konnte. Eine ähnliche Haltung verlangte ein von uns geliebtes Spiel: Nun hielt uns Oma zwischen ihren Händen mehrfach gespannte Bindfäden hin und ließ diese von uns mit Daumen und Zeigefinger aufnehmen und über die übrigen heben, sodass immer neue Konstruktionen des Geflechts entstanden.

Abends, unter der mit bunten Perlenschnüren umrundeten Hängelampe, zeigte uns Großmutter alte Ansichtskarten, beklebt mit der Germania auf den Serienmarken des Kaiserreichs, durchstach die Konturen der abgebildeten

4. bis 6. Lebensjahr

Stadtlandschaften dicht an dicht mit einer Stecknadel und hielt die Karten dann gegen das Lampenlicht: so erstrahlten die Bilder in magischer Beleuchtung. Überhaupt faszinierten Bilder jeglicher Art die kindliche Phantasie. Eine unerschöpfliche Quelle war Großvaters Pappkarton, gefüllt mit den Serien der von ihm gesammelten Liebig-Bilder („zur Gratis-Abgabe an die Käufer von Liebig's Fleisch-Extrakt"): Sie entführten uns in die exotischen Welten Afrikas und Asiens, lehrten uns Pflanzennamen, zeigten uns essbare Pilze und die Tiere der Heimat, erfreuten uns mit „Clown-Spaesse" und ließen uns Vexierbilder enträtseln. Wir staunten über „Die Völker der Erde" und ließen uns loben für unsere Umweltkenntnisse.

Der Milchreis aus dem Federbett

Überhaupt die Großeltern! Damals war die berufliche Fluktuation verbunden mit Ortsveränderung nicht verbreitet, sodass mindestens ein Großelternpaar am selben Ort wie die Eltern lebte. Die Besuche dorthin – das war interessanter, als Oma und Opa zu Hause bei uns zu empfangen – waren jedes Mal heißersehnt. In ihrer in einem höheren Stockwerk gelegenen Mietwohnung war der von Rankenpflanzen begrünte Balkon unser beliebtester Aufenthaltsort mit Blick auf die Fenster der Nachbarhäuser gegenüber; im Sommer waren die Gardinen beiseitegeschoben und gaben das geheimnisvolle Innere der Räume preis. Geheimnisvoll war auch Opas Sekretär mit den vielen Schubladen, vor allem den kleinen im oberen Teil, aus denen manchmal kleine Überraschungen für uns hervorkamen. Omas Essen war natürlich anders als daheim, es war typische Hausmannskost wie „Falscher Hase" (ein Klops aus gemischtem Mett) oder Schmorbraten, gespickt mit Speckstreifen und mit der Soße beträufelt, oder auch einfacher Milchreis, der nach dem Aufkochen seine richtige Garreife im Federbett, eingehüllt in Frotteetücher, nach einer Stunde erreichte; zu Zimt und Zucker kam noch zerlassene braune Butter obendrauf. Zum Nachtisch dann Erdbeeren, weiße oder rote Johannisbeeren aus Opas Kleingarten.

Die roten Autos

Selbst der Weg zur großelterlichen Wohnung war interessant. An Mutters oder Vaters Hand konnte man unbesorgt die Augen schließen und auf Kommando die Bordsteine überwinden: Wo werden wir uns in zehn Minuten wiederfinden? Jetzt nahmen wir zunehmend unsere Umwelt zur Kenntnis, wobei der Verkehr eine Vorrangstellung einnahm. Ein Auto konnten sich die meisten unserer Eltern nicht leisten, doch die Fahrt mit der Straßenbahn mit all den wunderlichen Leuten bot viel Abwechslung. Autos erlebten wir in der Regel nur äußerlich: „Wie viele rote hast du heute gezählt?", fragten wir uns als Geschwister ab; Sieger war, wer die höhere Zahl nennen konnte. Damals muss die Lackfarbe Rot in Mode gewesen sein; in den 30er-Jahren fuhren im Verhältnis viel mehr Autos in dieser auffälligen Signalfarbe als heute.

Rot als eine der beliebtesten Autofarben

Eiskiste und Kohleofen

Am schönsten waren die Ausflüge in die städtischen Parks, wo es, besonders im Frühling, die Blumenbeete zu bewundern gab. Wir lernten Vögel zu erkennen und auf ihre Singstimmen zu achten. Am Eingang des Parks stand der an warmen Tagen äußerst beliebte Kiosk, er hatte Bier für die Erwachsenen und

Winterzeit war die Schlittenzeit
– auch in der Stadt

Milch für die Kinder, im weißen Porzellanbecher gereicht und eisgekühlt – aber
nicht aus einem Kühlschrank, sondern aus einer mit Blech ausgeschlagenen
Truhe, gefüllt mit Eisstangen – die lieferte täglich der Eiswagen aus der Fabrik,
übrigens auch in die Haushalte. Mutter füllte in Ermangelung eines Kühlschran-
kes damit ihre Eiskiste aus Zinkblech und verwahrte Butter, Sahne oder Speise-
eis darin. Apropos Haushalt und Wohnen – das war eine Welt, die mit der
heutigen nur wenig gemeinsam hatte. Es gab in der normalen Wohnung weder
Kühlschrank noch Elektroherd noch Zentralheizung, gekocht wurde mit Gas,
und Mutter war wegen neugieriger Kinderhände stets darauf bedacht, die
Streichhölzer nicht offen herumliegen zu lassen. Lebensmittel, die in der
Speisekammer aufbewahrt wurden, lockten Myriaden von Fliegen an, deshalb
war der Fliegenfänger, ein gelbes, klebriges Band, an der Decke befestigt, ein
alltäglicher Anblick in der Küche. Damit nicht genug, lehrte uns Vater, wie man
mit der hohlen, flink über die Tischkante gewischten Hand die Plagegeister
fangen konnte, um sie dann in einen bereitstehenden Topf mit heißem Wasser
zu schleudern. Die Wärme im Winter spendete der Kohleofen; Vater musste
das Brennmaterial, die Briketts oder Eierkohlen, aus dem Keller holen, mit der
Handschaufel aus dem vom Kohlenhändler in einer Ecke aufgeschütteten
Haufen in den Metalleimer gefüllt; gleich daneben stand die hölzerne Kartoffel-
kiste, die auch gleich zentnerweise ein- bis zweimal jährlich nachgefüllt wurde.
Bei den Großeltern stand noch ein hoher, gemütlich wirkender Kachelofen mit

einer Bank davor; in einer Nische
über der Feuerklappe brutzelten
für uns die rotbäckigen Bratäpfel,
der Duft des Winters. Der Winter
war Schlittenzeit, wann immer die
Eltern einkaufen gingen, zogen sie
uns auf dem Schlitten hinter sich
her und ließen uns die volle,
zwischen unseren Beinen gelagerte Einkaufstasche festhalten
– für uns wurde eine kleine Auf-
gabe begrifflich – in Fausthand-
schuhen, die Oma gestrickt hatte.

Nürnberger Rassegesetze

*Schon bald nach der Ernennung Adolf
Hitlers zum Reichskanzler 1933 beginnen die Nationalsozialisten mit der
methodischen Diskriminierung der
Juden. Der rassischen Verunglimpfung in
Wort und Bild in der NS-Zeitschrift „Der
Stürmer" folgen die Nürnberger Rasse-
gesetze, einstimmig beschlossen auf
dem 7. Reichsparteitag der NSDAP in
Nürnberg am 15. September 1935. Damit
stellen die Nationalsozialisten ihre
antisemitische Ideologie auf eine quasi
juristische Grundlage. Das darin enthal-
tene Blutschutzgesetz verbietet Ehen
zwischen Juden und Nichtjuden sowie
deren außerehelichen Geschlechtsver-
kehr und bedroht Zuwiderhandlungen mit*

*Gefängnis und Zuchthaus. Juden dürfen
auch keine „arischen" Dienstmädchen
unter 45 Jahren beschäftigen; Hinter-
grund ist die Unterstellung, „der Jude"
würde sich sonst an seiner jungen
Angestellten vergehen. Im Reichsbürger-
gesetz wird festgelegt, dass nur Staats-
angehörige deutschen oder artverwand-
ten Blutes Reichsbürger sein können.
Damit sind Juden von allen öffentlichen
Ämtern ausgeschlossen; jüdische
Beamte müssen zum 31. Dezember 1935
ihren Dienst beenden. In einer Verord-
nung wird zudem geregelt, wer nach
nationalsozialistischer Auffassung
„Volljude" oder als Mischling „Halb"-
oder „Vierteljude" ist.*

Eine KdF-Reisegruppe auf „Urlaub"

Die Großfamilie
an der Kaffeetafel

Wir Kinder der 30er-Jahre hatten viel
mehr Berührungen mit verschiedenen
Erwachsenen als der Nachwuchs im
dritten Jahrtausend. Die Großfamilie
und ihr Zusammenhalt war nichts
Besonderes, nicht die Ausnahme. Für
unsere Großeltern war es normal, bis
zu sechs eigene Kinder aufzuziehen, und das bedeutete für uns, mehrere
Tanten und Onkel zu haben, dazu Neffen und Nichten als gelegentliche Spielka-
meraden. Dann gab es noch manchen „Onkel" und manche „Tante", die nicht
zur Verwandtschaft gehörten, sondern als Freunde der Eltern zu Besuch kamen.
Es waren Zufallsbekanntschaften, die sich während gemeinsamer KdF-Grup-
penreisen und nachfolgend beim Austausch der Fotos ergeben hatten und die
sich als erstaunlich beständig erwiesen; zu uns Kindern waren sie besonders
nett und daher gern gesehen auf den Familienfeiern. Die gab es häufig – man
saß mit an der großen Kaffeetafel, die Mutter mit ihrer selbst bestickten Hohl-
saum-Tischdecke und ihren schönsten Sammeltassen schmückte und darauf
gleich mehrere, natürlich eigenhändig gebackene Torten stellte.

Fein gemacht für
die Familienfeier

Olympische Spiele 1936

Nach den IV. Olympischen Winterspielen in Garmisch-Partenkirchen vom 6. bis 16. Februar 1936 finden vom 1. bis 16. August 1936 in Berlin die XI. Olympischen Sommerspiele statt. Das NS-Regime nutzt sie als perfekte Propagandaschau für das nationalsozialistische Deutschland. Um drohende Boykottbestrebungen vor allem in den USA und Frankreich abzuwehren, gibt die deutsche Regierung eine vom IOC geforderte Erklärung ab, die Spiele stünden „allen Rassen und Konfessionen" offen; der populäre Boxer Max Schmeling wird in die USA entsandt, um für die Teilnahme in Berlin zu werben. Die Spiele bleiben boykottfrei und werden unter der Leitung von Joseph Goebbels, Carl Diem und Reichssportführer Hans von Tschammer und Osten perfekt vorbereitet. So verschwinden antisemitische Parolen für die Dauer der Spiele aus den Medien. In der deutschen Mannschaft dürfen zwei Alibi-Halbjuden, der Eishockeyspieler Rudi Ball und die Fechterin Helene Mayer, starten.

„Glaube und Schönheit" war das Motto der BdM-Sportlerinnen

Am 1. August 1936 eröffnet Adolf Hitler die Spiele der 4793 Wettkämpfer aus 49 Staaten vor 100 000 Zuschauern im Berliner Olympiastadion. Die insgesamt drei Millionen Besucher reagieren begeistert, und auch die 1938 anlaufenden Propagandafilme Leni Riefenstahls „Fest der Schönheit" und „Fest der Völker" werden im Ausland noch positiv aufgenommen.

Aufgrund der großzügigen Förderung der Sportler schneidet das Deutsche Reich bei den Spielen hervorragend ab: Mit 33 Gold-, 26 Silber- und 30 Bronzemedaillen gewinnen die 406 deutschen Athleten – die größte der teilnehmenden Mannschaften – die Nationenwertung vor den USA. Star der Berliner Olympiade ist der schwarze US-Amerikaner Jesse Owens, der allein vier Goldmedaillen gewinnt und auch in Deutschland zum Publikumsliebling wird.

Was Kindern Freude macht

Auch die Kindergeburtstage waren Anlass für große Familienfeste, und für die Erwachsenen Gelegenheit, regen Austausch im Gespräch zu halten, wenn erst einmal die Geschenke an uns verteilt waren. Wir freuten uns, die wir noch nicht

lesen konnten, über kartondeckeldicke Bilderbücher und Holzspielzeug; das begann in jüngeren Jahren mit Bauklötzen, Plüschhunden und dem korbgeflochtenen Puppenwagen, später gefolgt von dem ersten Trix-Baukasten, einem System von durchgehend durchlöcherten, schmalen Metallstäben, die sich zu Lastwagen, Windmühlen und Maschinen aller Art zusammenschrauben ließen. Großen Jubel lösten das erste Paar Rollschuhe und die blanken Schlittschuhkufen aus, die, wohlgemerkt, noch an vorhandene Schnürstiefel angeschraubt werden mussten.

Plastik war verpönt – außer der gelben Badeente

Die Mädchen schleppten ihre Puppen herum, die anfangs aus Stoff genäht waren und von der „echten" Schildkröt-Marke abgelöst wurden, jenen Geschöpfen mit den natürlich wirkenden Gesichtern und dem am Halsrücken eingestanzten Markenzeichen. Plastiksachen fehlten in der Spielzeugkiste, mit Ausnahme der gelben Enten für die Badewanne. Am liebsten spielten wir mit hölzernen Bauklötzen, die sich zu Phantasiebauten stapeln ließen und ein ständiger Anlass elterlicher Ermahnungen waren, wenn die Klötze unaufgeräumt auf dem Fußboden liegen blieben. Dominosteine, die schwarzen mit den weißen Auskerbungen für die Zahlensymbole, waren ein beliebtes Geschenk, genauso wie die Mikadostäbe, auch aus Holz, mit deren Handhabung Geduld und Geschicklichkeit gefordert werden. Noch spannender war es, aus Papas Skatkarten Häuser zu bauen, möglichst hohe, indem durch Anlehnen zweier Karten Pfostenstatik erzeugt und nun vorsichtig Stockwerk auf Stockwerk aufgeschichtet werden konnte. Wer schafft das höchste Kartenhaus? – Unter Geschwistern ein beliebter Wettbewerb.

Das Buffet als Statussymbol

Wie sah es sonst „zu Hause" aus? Im Wohnzimmer dominierten schwer beweg-
liche Massivmöbel, das Buffet mit Aufsatz aus Eiche oder Nussbaum, mehr als
zwei Meter lang, und an einer anderen Wand die Vitrine aus dem gleichen
Programm, hinter deren Glastüren die Sammeltassen verwahrt wurden sowie
Weingläser aus geschliffenem Kristall in verschiedenen Farben, Römer genannt.
Die Ehebetten waren ausladend groß, die dreiteilige Frisiertoilette daneben mit
hohem, schwenkbarem Spiegel und seitlichen, niedrigen Schrankablagen
gehörte als unabdingbares Möbelstück der Zeit dazu. Man konnte sich darin in
voller Größe betrachten. Mutter stellte
ihre Kinder davor, wenn sie ihnen ein
neues Kleidungsstück gekauft oder
selber genäht hatte. Die Mädchen
bekamen geblümte Kleider, seltener
Hosen, die Jungen für den sonntägli-
chen Ausgang den traditionellen
blau-weißen Matrosenanzug mit
breiter Schulterklappe. Kinderzimmer
waren während der Wirtschaftskrise
reiner Luxus: Die Betten vieler Klein-
kinder standen im Schlafzimmer der
Eltern.

Ein Muss für jeden Jungen: der Matrosenanzug

Beginn des Plastikzeitalters

*Im Jahr 1935 entwickelt der deutsche
Chemiker G. Wick ein Verfahren, PVC
(Polyvinylchlorid) bei hohen Temperatu-
ren zu verarbeiten. Das Plastikzeitalter
bricht an. Unter Einsatz von Weichma-
chern kann PVC als universeller Werk-
stoff z. B. für Schläuche, Behälter,
Fußböden sowie Spielzeug verwendet
und in großen Mengen hergestellt
werden.*

*Ein völlig neuer Kunststoff ist das in
den USA entwickelte Nylon, dessen
molekulare Struktur der von Naturseide
ähnelt. Nylonstrümpfe werden Ende der
30er-Jahre in vielen Ländern ein heiß
begehrtes Produkt.*

1937-1940

Nun werden wir Kriegskinder

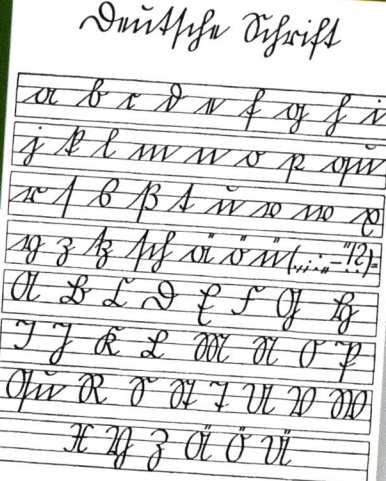

Das Alphabet in Sütterlin

Schulpflicht unterm Hakenkreuz

Für uns Sechsjährige war die Zeit der Schulpflicht gekommen, im wahrsten Sinne des Wortes versüßt durch die große, bunt beklebte, mit Leckereien gut gefüllte Schultüte. Aber auch Buntstifte, Radiergummis, Bleistifte, Anspitzer und ein Lineal fanden sich darin. Auf dem Weg zur Schule wanderten wir durch ein Meer von Fahnen, mit dem die Regierung den 13. März 1938, den Anschluss Österreichs an das Deutsche Reich, feiern ließ. Das Hakenkreuz – schwarz in weißem Kreis auf rotem Grund – flatterte nicht nur auf Masten und

Chronik

26. April 1937
Das deutsche Flugzeuggeschwader „Legion Condor" zerstört im spanischen Bürgerkrieg die nordspanische Kleinstadt Guernica.

6. Mai 1937
Das Großluftschiff „Hindenburg" explodiert bei der Landung in Lakehurst, USA.

19. Juli 1937
Die ersten Häftlinge beginnen in der Nähe von Weimar unter scharfer SS-Bewachung mit dem Bau des Konzentrationslagers Buchenwald.

13. März 1938
Adolf Hitler proklamiert den Anschluss Österreichs an das Deutsche Reich.

1. August 1938
Das Eherecht koppelt die Ehe an bevölkerungspolitische Ziele: Kinderlosigkeit wird Scheidungsgrund.

7.–9. November 1938
Reichspogromnacht: SS und SA verüben gewaltsame Pogrome gegen die jüdische Bevölkerung und zerstören deren Häuser, Läden, Synagogen, jüdische Schulen und Friedhöfe.

30. Januar 1939
Hitler erklärt vor dem Reichstag im Falle eines Krieges die „Vernichtung der jüdischen Rasse in Europa".

10. Februar 1939
Tod von Papst Pius XI. (1857–1939).

1. September 1939
Mit dem deutschen Angriff auf Polen beginnt der Zweite Weltkrieg.

9. Juli 1940
„Denkschrift" der Kirchen gegen die „Euthanasie"-Maßnahmen, durch die mind. 70 000 Bewohner von Pflege- und Heilanstalten ermordet werden.

15. Oktober 1940
In New York wird Charlie Chaplins Film „Der große Diktator", eine Parodie auf Hitler, uraufgeführt.

Mit Schultüte und Brottasche zum ersten Schultag.

Dächern, sondern hing auch, in den Kaufhäusern massenhaft angeboten, an Balkon- und Fensterbrüstungen der Miethäuser herab. Jedes Jahr am 20. April, an „Führers Geburtstag", wiederholte sich das Flaggenmeer in den Wohnvierteln.

7. bis 10. Lebensjahr

Das Lesen und Schreiben erlernten wir zuerst mit Hilfe von Schiefertafel und kratzendem Griffel und Schwamm, dann auf Heften, zwischen deren Linien die Buchstaben säuberlich angepasst werden mussten, und zwar anfangs noch in der geradlinigen, spitz zulaufenden Sütterlin-Schrift, die von 1935 bis 1941 allgemeine Grund-Schreibschrift an den deutschen Schulen war. Im Gegensatz dazu wurden die Bücher und Zeitungen in der verschnörkelten Frakturschrift gedruckt.

Zu Weihnachten die neue Puppenmutter unter den Lamettafäden, dem meistverbreiteten Baumschmuck

Eisenbahn und Dampfmaschine

Die Märchenbücher, aus denen uns vorgelesen wurde, konnten nun an uns junge Leser weitergegeben werden, und Neuausgaben der Gebrüder Grimm, von Andersen und Bechstein bekamen wir zum Geburtstag geschenkt. Attraktiver fanden wir natürlich Geschenke wie die Eisenbahn mit Federwerk zum Aufziehen, die Dampfmaschine mit Wasserkessel, die Ritterburg mit Zinnen, Turm und Zugbrücke; bei den Mädchen die neue Puppe mit Schlafaugen, das Puppenhaus oder den Kaufmannsladen. Vater, der nach Feierabend und an den Wochenenden stundenlang über seinen Briefmarkenalben gebeugt saß, die Pinzette in der Hand, machte uns Kinder damit vertraut, was Sammeln bedeutet und wie lehrreich es sein kann, indem er uns seine „Doppelten" zum Einkleben in eigene Alben überließ. Eine andere Sammelleidenschaft erzeugten die Zigarettenfirmen mit ihren Bilderserien und dazugehörigen Alben; die Themen reichten von der Malerei des Barock und der Renaissance bis zu den Fahnen der Welt, einschließlich der Standarte des Führers.

An Wochenenden versammelte sich die Familie gern am Tisch zu den traditionellen Brettspielen Mensch ärgere dich nicht, Halma, Dame und Mühle, dazu kamen immer neue Kartenspiele wie Quartett und Elfer raus. Besonders spannend wurde es am runden Poch-Brett mit seinen Kartensymbolen und den Mulden für die Münzgewinne oder beim Turf, dem Pferderennen auf dem ausgeklappten ovalen Pappe-Parcours, auf dem unser Würfelglück das Tempo unserer „Pferde" bestimmte.

Rassenlehre im Bilderbuch

NS-Propaganda schon im Schulalter

Hitler beginnt „seine" Jugend bereits im Bilderbuch-Alter zu indoktrinieren. Julius Streicher veröffentlicht in dem ihm gehörenden „Stürmer-Verlag", in welchem er ab 1935 auch sein Hetzblatt publiziert, antisemitische Bilderbücher wie „Der Giftpilz".

„Der Giftpilz" ist gespickt mit Ideologien der „Rassenlehre" und hetzt gegen die Juden, Kinder wie Erwachsene, als grundsätzlich böse Menschen, die für alles Unglück verantwortlich seien. 1938 freuen sich auf den Illustrationen Kinder darüber, dass alle jüdischen Schüler und Lehrer verjagt wurden – ihre Schule ist nun „rein arisch". In der Realität müssen viele von ihren jüdischen Freundinnen und Freunden Abschied nehmen, in den meisten Fällen für immer.

Ebenso verbreitet ist ein weiteres Bilderbuch von Julius Streicher: „Trau keinem Fuchs auf grüner Heid und keinem Jud bei seinem Eid ...". Beide Bücher Streichers werden in den Schulen zur Pflichtlektüre. Seine lang angelegte und in den Publikationen offen dargelegte Hetzkampagne gegen die jüdische Bevölkerung bereitet u. a. den Boden für die Erlassung der Nürnberger Rassengesetze von 1935 und der „Endlösung", der Ermordung von sechs Millionen europäischen Juden.

Kleine Archäologen mit Schrammen

Spielstätten draußen für uns waren noch unbebaute Grundstücke, verwilderte Wiesen mitten in der Stadt, auf denen wir unsere „Höhlen" bauten: aus Steinen, Brettern und Sträuchern zusammengestellte Unterschlüpfe. Spannend war es, dort zu graben und sich dabei wie Archäologen zu fühlen; wir wurden fündig mit alten Emailletöpfen, Tonscherben, Kleiderknöpfen, verrosteten Werkzeugen oder Geschirrteilen. Zurück zu Hause wunderten sich die Eltern darüber, wo wir zu all den Schrammen an Händen und Beinen und der Kniewunde gekommen waren; schon wieder war ein neues Pflaster fällig. Hin und wieder gab es auch ernste Zwischenfälle, wenn uns bei einem Streit unter Jungen ein Stein an den Kopf getroffen hatte und das „Loch im Kopf" unsere Eltern veranlasste, mit den Eltern des Verursachers zu sprechen. Selbst verschuldet war der Schlüsselbeinbruch, wenn einer von uns in übermütigem Schwung von der Schaukel gefallen war.

Die Straße als Spielstätte

Die meiste Freizeit verbrachten wir „draußen", und wir waren immer in Bewegung. Die Straßen zwischen den Mietshäusern waren für unsere Aktivitäten nicht von unablässigem Autoverkehr behindert, sei es bei Ballspielen oder Hüpf- und Hinkel-Wettbewerben zwischen den mit Kreide aufgemalten „Häusern". Unsere Taschenmesser hieben wir in kühnem Schwung in ungepflasterte Fußwege und zogen vom Stich vorgezeichnete Linien ins gegnerische Feld. Wir beneideten die Klassenkameraden aus wohlhabenden Familien, die zu Weihnachten einen Tretroller bekommen hatten, ein Gefährt, mit dem man sich nicht mehr mit einem Bein abzustoßen brauchte, sondern sich mit Trittbrett und damit verbundener Zahnstange wie auf einem Fahrrad fortbewegen konnte. Unsere Pindopps, die bunten Kreisel, trieben wir mit Bindfadenpeitschen auf dem Bürgersteig an. Wir spielten Mundharmo-

Wir spielten fast immer draußen

nika, hörten Vaters Grammophon-Platten und liehen uns von Freunden den x-ten Karl-May-Schmöker aus. Ein Gewinner war, wer daraus zitieren konnte: Hadschi Halef Omar Ben Hadschi Abbul Abbas Ibn Hadschi David Al Gossara – den Namen des Dieners und Begleiters von Kara Ben Nemsi bei dessen Abenteuern im Orient.

Vom Volkswagen zum KdF-Wagen

1934 erhält Ferdinand Porsche den Auftrag, einen Volkswagen zu bauen. 1936 werden die ersten drei Testwagen ausgeliefert, 1937 wird der erste VW in Serie gebaut und 1938 wird er der Öffentlichkeit vorgestellt. Von Hitler auf den Namen KdF (Kraft durch Freude)-Wagen getauft, soll der „Käfer" nicht mehr als 1000 Reichsmark kosten. Das Auto kann man nur über die KdF-Sparkarte erwerben. Jeder Kunde muss wöchentlich fünf Reichsmark einzahlen. Das Geld bleibt unverzinst. Da an die normalen Kunden aber nie ein Wagen ausgeliefert wird, verlieren die Sparer ihr eingezahltes Geld und in die Staatskassen fließen bis Kriegsende fast 286 Millionen Reichsmark.

Adolf Hitler aus Elastolin

Von Geburtstag zu Geburtstag vergrößerte sich nun die Sammlung unserer Elastolin-Soldaten, dafür sorgten die Geschenke von Eltern und Verwandten. Neben den gewöhnlichen Marschierern mit geschultertem Gewehr gab es ganze Blasorchester, Geschütze mit den Kanonieren dazu, ein Lazarettzelt mit Verwundeten auf der Bahre liegend und den Truppenarzt, auch den Hitler, gleich in mehreren Ausführungen mit und ohne erhobenem Arm.

Am Sonntagmorgen führte uns Vater, während Mutter das Mittagessen vorbereitete, ins Völkerkunde- oder in das Naturhistorische Museum. Wir lernten, wie die Eskimos (kein Mensch nannte sie damals Inuit) vom Fisch- und

Seelöwenfang leben und in Iglus wohnen, wie die Indianer, die wir bei Karl May schon kennen gelernt hatten, mit Pfeil und Bogen umgingen und ihre Wigwams bauten.

Höhepunkte dieser Kindheitsperiode waren Besuche auf den Jahrmärkten mit den Attraktionen Geister- und Achterbahn, Elektroautofahren, Zielwerfen nach Plüschtieren, Hau den Lukas, Karussellpferdreiten mit klebrigen Fingern von Zuckerwatte und Eiswaffeln. „Und wann dürfen wir wieder in den Zoo?", quengelten wir, aber noch wünschenswerter waren die Nachmittage, wenn wieder mal ein Wanderzirkus seine Zelttore öffnete und vorher seine Elefanten mitten in der Stadt eine Werberunde drehten. Regelmäßig an den allwöchentlichen Kindervorstellungen im nahen Stadtteilkino teilzunehmen empfanden wir als eher normales Anrecht; das Eintrittsgeld und die Münzen für die Straßenbahn dorthin bekamen wir für die Hosentasche in Papier eingewickelt mit. Toll war es, wenn der Lieblingsonkel zu Besuch kam und mit uns auf den Dachboden stieg, die Luke öffnete und uns mit seiner Zwille auf Spatzen und Tauben schießen ließ; im Nachhinein betrachtet erfreulich, dass es keinen Treffer gab.

Zur Rolle hochgesteckte Zöpfe, der „Hahnenkamm" – eine praktische und sehr beliebte Mädchenfrisur

Die verhassten langen Strümpfe

Wir Jungen trugen die Haare kurz geschnitten über freigehaltenen Ohren, die Mädchen flochten Zöpfe, schmückten sie mit Spangen oder banden ihre Haare auf der Mitte des Kopfes zu einer Rolle zusammen. Im Sommer liefen wir in kurzen Hosen, den Tornister auf den Rücken geschnallt, zur Schule, manche Jungen kamen in der Lederhose mit Vorderklappe, die im Lauf der Zeit immer speckiger wurde. An kälteren Tagen zwangen uns die Eltern, die von uns

gehassten langen braunen Strümpfe anzuziehen, die wir, kaum außer Sichtweite, bis auf die Schuhe herunterkrempelten.

Von den Groschen unseres Taschengelds kauften wir uns am liebsten Brausepulver – aber öfter, als es mittels Leitungswasser zu einem Erfrischungsgetränk, der „Brause", zu verwandeln, schütteten wir es auf die nackte Handfläche, um daran leckend das Kribbeln zu genießen.

Ein Kribbeln ganz anderer Art war es, mit dem man Schulfreunde oder noch lieber die Nachbarsmädchen ärgern konnte: Wir besorgten uns die Samenkörner von Hagebutten der in den Vorgärten wuchernden Wildrosen und bugsierten sie in den Rückenausschnitt unserer kreischenden Opfer, die dann den dadurch ausgelösten fürchterlichen Juckreiz überstehen mussten.

„Reichskristallnacht"

„Reichskristallnacht" ist eine zynisch verharmlosende Bezeichnung der NS-Propaganda für das groß angelegte Pogrom gegen die jüdischen Mitbürger in den Nächten vom 7. bis 10. November 1938, eine von NSDAP und SA durchorganisierte Aktion, bei der nicht nur Fensterscheiben von über 7000 jüdischen Geschäften, 29 Warenhäusern und beinahe sämtlichen Synagogen zerstört werden (wie der Begriff „Kristallnacht" suggeriert). Die u. a. mit Brandsätzen bewaffneten Nationalsozialisten ermorden im Verlauf der Nacht fast hundert Menschen unter den Augen ihrer Nachbarn, von denen nur wenige den Mut zeigen, eine jüdische Familie im eigenen Haus zu

verstecken. Im Anschluss an die Pogromnacht werden etwa 30 000 Juden vorübergehend in Konzentrationslagern interniert und eine kollektive Sondersteuer als „Entschädigung" in Höhe von über einer Milliarde Reichsmark erhoben, die absurderweise von den jüdischen Bürgern selbst zu zahlen ist. Die „Reichskristallnacht" bildet den gewalttätigen Auftakt zur fabrikmäßig organisierten Verfolgung und Vernichtung der jüdischen Bevölkerung in Deutschland und den eroberten Nachbarländern.

Zum äußeren Vorwand für die Gewaltaktion dient das Attentat auf Ernst Eduard vom Rath durch den 17-jährigen Herschel Grynszpan am 7. November.

Der Zweite Weltkrieg beginnt

Noch unangefochten von den jetzt einschneidenden politischen Ereignissen verlief unsere Kindheit am Ende der 30er-Jahre. Anlass für Sonderausgaben der Tageszeitungen mit übergroßen Schlagzeilen gab es Schlag auf Schlag: Am 29. September 1938 verkünden sie den für Hitler erfolgreichen Abschluss der Münchner Konferenz mit Mussolini, Chamberlain und Daladier, die den Weg frei machte für die Abtretung der sudetendeutschen Gebiete von der Tschechslowakei. Sechs Wochen später kommt es zur „Reichskristallnacht" (im historischen Rückblick heute richtiger als Reichspogromnacht bezeichnet). Am 15. März stimmen Staatspräsident und Außenminister der Tschechoslowakei in Berlin der Bildung des Reichsprotektorats Böhmen und Mähren zu, unmittelbar darauf marschieren deutsche Truppen in die Rest-Tschechoslowakei ein. Als im August der deutsch-sowjetische Nichtangriffspakt zwischen Hitler und Stalin zustande kommt und die Rationierung von Lebensmitteln mit Ausgabe von Lebensmittelkarten beschlossen wird, werden sich die Deutschen der Kriegsgefahr bewusst. Unsere Eltern hängen am Radio, um aus Hitlers Reden herauszuhören, wie sich die Zukunft gestalten wird. Am 1. September 1939 erhalten sie Gewissheit: Der deutsche Angriff auf Polen nimmt seinen Lauf. Zwei Tage später folgt die britisch-französische Kriegserklärung. Der Zweite Weltkrieg hatte begonnen.

„Hast du einen Mölders?"

In den Tageszeitungen erschienen nun, erst spärlich, dann häufiger in jeder Ausgabe, Todesanzeigen mit dem Eisernen Kreuz, das Kennzeichen für einen an der Front gestorbenen Soldaten, „gefallen für Führer, Volk und Vaterland". Uns Schulkindern stellte die Regierungspropaganda die neuen Kriegshelden vor: Ihre Porträts, fotografisch getreu gezeichnet, geschmückt mit dem Ritterkreuz, erschienen auf Postkarten, die wir im Klassenzimmer austauschten. „Hast du einen ‚Prien'?" (erfolgreicher U-Boot-Kommandant), „Ich habe einen ‚Mölders' doppelt" (Jagdflieger mit vielen Abschüssen feindlicher Flugzeuge), „Hast du einen ‚Galland'?" (auch ein Fliegerheld). Später kam noch ein „Rommel" als Befehlshaber des Afrikakorps hinzu.

Mitgliedspflicht ab zehn Jahren: im „Deutschen Jungvolk" und „Bund Deutscher Mädel"

Pimpfe und Jungmädel – ein neuer Alltag

Nach zwei Kriegsjahren wurden wir zehn, und damit begann neben der Grundschulzeit eine neue Pflichtperiode: die Jungen wurden „Pimpfe" des Deutschen Jungvolks (DJV), die Mädchen Jungmädchen beim Bund Deutscher Mädel (BDM). Nun trugen wir, wenn es zu den wöchentlichen Schulungsnachmittagen oder Marschübungen ging, eine Uniform: zur kurzen Hose mit breitem Koppelgürtel und Schulterriemen das Braunhemd mit Schlips und Lederknoten, dazu das rhombenförmige Hakenkreuz-Abzeichen, die „Salmiakpastille". Schon früh konnte man sich eine Sonderstellung unter den gleichaltrigen Kameraden erwerben, zum Beispiel als freiwilliger Kurier für den Dokumententransport zwischen Amtsstuben, belohnt mit der rot-weißen Schnur eines Jungenschaftsführers, an Hemd oder Jacke zu tragen; zu dieser kleinsten Einheit des Jungvolks wurden bis zu einem Dutzend Jungen zusammengefasst, die nächstgrößeren Formationen waren der Jungzug (grüne Kordel), das Fähnlein (grün-weiße Kordel), der Bann (rote Kordel) und der Stamm (weiße Kordel). Unseren abwechslungsreich eingeteilten Dienst empfanden wir nicht als Zwang, sondern als Möglichkeit, Abenteuer zu erleben: im Zeltlager mit den Flaggenappellen, beim Besuch des Führers in unserer Stadt, wenn er unseren Vorbeimarsch im großen Verband einschließlich Fanfarenzug und Trommlern grüßte und uns mahnte, „zäh wie Leder, flink wie die Windhunde und hart wie Kruppstahl" zu werden, aber besonders bei Geländespielen, beim Umgang mit Landkarte, Kompass und Marschzahlen zur Errechnung und Einpegelung der Bewegungen im Gelände, beim Sport mit Dauerlauf, Bockspringen, Boxen und Ballspielen.

Das Familienleben blieb normal

Das Familienleben für uns Kinder verlief derweil in normalen Bahnen weiter. Wir Kinder waren angehalten, im Haushalt zu helfen, Staubwischen und das Abtrocknen des Geschirrs war selbstverständlich, auch das Blitzblankbohnern des Linoleum-, Dielen- oder Parkettbodens mit dem gewichtigen Bohnerbesen und regelmäßig das Einholen beim Kaufmann um die Ecke, der sich Kolonialwarenladen nannte. Es war ein typischer Tante-Emma-Laden mit einer Theke, hinter der der Inhaber oder eines seiner Familienmitglieder seine Kunden individuell bediente; in der Regel schon in der zweiten oder dritten Generation derselben Familie. Selbstbedienung war nicht üblich; der Händler füllte die in Schubladen oder Säcken gelagerte lose Ware wie Mehl, Salz, Zucker, Grieß oder Nudeln in Papiertüten, wog sie ab und nahm selbst die Bezahlung entgegen. Die Milch schöpfte er mittels eines zylindrischen Litermaßes aus einer großen, von der Molkerei gelieferten Kanne und leerte sie in ein von Mutter mitgegebenes Henkelgefäß. Das Brot vom Bäcker hatte eine knusprige Rinde, die auf dem Nachhauseweg zum Naschen verleitete und stückweise abgebrochen oder angeknabbert wurde.

Beliebt: der „Tag der Wehrmacht"

Die Anfangserfolge der deutschen Wehrmacht ließen noch keine Besorgnisse unserer Eltern und Lehrer aufkommen, viele von ihnen trugen öffentlich das Parteiabzeichen der NSDAP. Im Rundfunkprogramm errangen die Wehrmachtsberichte und Sondermeldungen, eingeleitet durch die schmissigen Takte des Prelude von Franz Liszt, höchste Aufmerksamkeit. Am „Tag der Wehrmacht" pilgerten die „Volksgenossen" familienweise zur nächsten, dann für jedermann offenen Kaserne, durchquerten das geschmückte Tor, besichtigten die Quartiere und versammelten sich zu den Waffenvorführungen. Wir Schulkinder durften uns hinter ein Maschinengewehr legen und die Zielscheibe ins Visier nehmen, noch aufregender war es, auf einen Panzer klettern zu dürfen.

Kinderlandverschickung als Lebensrettung

Als die auf Flachdächern hoher Häuser montierten Flaks (Flugzeugabwehrgeschütze) in den Bombennächten immer häufiger bellen mussten, wurde zum Schutz der Jugend die Kinderlandverschickung (KLV) ins Leben gerufen. Viele Dörfer und Kleinstädte blieben von den Flächenbombardierungen verschont. So wurden aus den Großstädten ganze Schulklassen evakuiert – inzwischen

7. bis 10. Lebensjahr

Kommt mit in die Kinderlandverschickung

Anmeldungen für die 3—10 jährigen erfolgen bei der NSV., für die 10—14 jährigen in den Schulen

waren wir der vierjährigen Grundschulzeit entwachsen –, die in die Oberschulen am neuen Ort integriert wurden. Die Schüler waren in KLV-Lagern mit festen Häusern untergebracht, bekamen dort ihr Frühstück, während die Hauptmahlzeiten in dafür vorgesehenen Gaststätten oder Hotels verabreicht wurden. Der Dienst im Jungvolk lief neben der Schulpflicht weiter und konnte nun noch intensiver organisiert werden, weil man die Pimpfe in einem Quartier beisammen hatte. Die Lehrer verpflichtete man, ihre Schüler auf die Felder zu führen, wo sie gemeinsam die schädlichen Kartoffelkäfer einsammeln mussten.

In der Gruppe lernten wir, unsere Rechte zu verteidigen und Pflichten zu befolgen; das begann am Frühstückstisch, wo die spärlich belegten Marmeladenbrote zu einem Haufen aufeinandergestapelt lagen und jeder so schnell wie möglich hingrapschte, um seinen Anteil zu sichern. Aufzupassen galt es auch bei den Pflichten: Wer war gerade dran bei der Reinigung der gemeinsamen Waschräume oder beim Hoffegen? Als Gemeinschaftserlebnis empfanden wir den täglichen Waldlauf vor dem Frühstück mit seinem „Zickezacke hoi hoi hoi"-Gebrüll und den Appell beim morgendlichen Hissen der Flagge.

Bis Kriegsende wurden rund 2,5 Millionen Jungen und Mädchen in ländliche Gebiete evakuiert und in etwa 9000 Lagern untergebracht. Die NS-Propaganda tarnte die Kinderlandverschickung (KLV) als gesundheitlich begründete Ferienreisen für Stadtkinder. In den Lagern herrschten die NS-Ideologie und paramilitärischer Drill. Während die Kinder dort Wochen und Monate verbrachten, wurden ihre Mütter verstärkt in der Rüstungsindustrie eingesetzt.

Dank den Pflegeeltern!

Die jüngeren Kinder wurden, Kennkarten um den Hals, nach Österreich geschickt, das jetzt Ostmark hieß. Dort, am Bahnsteig des Wiener Hauptbahnhofs warteten schon die vorher bestimmten künftigen Pflegeeltern und nahmen „ihre" Kinder in Empfang, um mit ihnen in ihr Dorf zu fahren, im Bus oder eigenen Auto bis ins Burgenland, wo viele Landwirte und Weinbauern Zimmer zur Verfügung gestellt hatten. Für viele von uns „Reichsdeutschen" begann nun, für ein oder mehrere Jahre, eine unvergessliche Kindheit voll einprägsamer Erlebnisse. Wir durften bei der Weinernte helfen, mit Hunden und Katzen spielen, Mittagsschlaf auf dem Heuboden halten. Wir sammelten die frisch gelegten Hühnereier ein, beobachteten Entenküken beim Schlüpfen, stellten Mäusefallen auf, badeten im Flüsschen des Dorfes und begleiteten den Marsch Hunderter Gänse zu ihrem Anger. Nicht selten entwickelte sich ein herzliches, freundschaftliches Verhältnis zwischen der eigenen Familie und jener der Pflegeeltern, das mitunter lebenslang hielt.

Wir Großstadtkinder beim Bauern in Österreich während der Kinderlandverschickung

7. bis 10. Lebensjahr

1941-1944

Kindheit an der Heimatfront

Immer auf die Kleinen – wir kommen in die Flegeljahre

Lange Gedichte und Rassenkunde

Wir kamen in die Flegeljahre, balgten und schubsten uns auf dem Schulweg und auf dem Pausenhof, rissen den Mädchen an den Zöpfen, die wir als „Backfische" nicht für voll genommen haben. An Zigaretten wagten sich weder sie noch wir Jungen, aber als heimlichen Ersatz saugten wir an dünnen, trockenen Aststücken, die wir vom alten Weinstock an der Kirchmauer abzuschneiden und wie Zigaretten zu entzünden pflegten. Im Deutsch- und Geschichtsun-

Chronik

Mai 1941
Konrad Zuse stellt die erste programmge-steuerte Rechenmaschine vor. Lebensmit-telmarken werden eingeführt.

Juni 1941
Ausdehnung der „Nürnberger Gesetze" auf die besetzten Gebiete in Osteuropa. „Operation Barbarossa": Einmarsch in die Sowjetunion, Einsatzgruppen zur Liquida-tion der jüdischen Bevölkerung folgen.

Dezember 1941
Japan greift den US-Militärstützpunkt Pearl Harbor auf Hawaii an. Es folgt die gegen-seitige Kriegserklärung. Hitler erklärt den USA den Krieg.

20. Januar 1942
Wannsee-Konferenz in Berlin: Unter Vorsitz von Reinhard Heydrich wird die Organisa-tion der „fabrikmäßigen" Ermordung der europäischen Juden beraten.

20. April 1942
Frauen werden zur Arbeit in Rüstungsbe-trieben verpflichtet.

20. Oktober 1942
Zur Gewinnung von Speiseöl wird die deutsche Bevölkerung zum Sammeln von Bucheckern aufgerufen.

11. November 1942
Die Wehrmacht marschiert in das bisher unbesetzte Südfrankreich ein.

18. Februar 1943
Im Berliner Sportpalast verkündet Propa-gandaminister Goebbels den „Totalen Krieg". Beim Verteilen von Flugblättern in der Münchener Universität werden die Geschwister Hans Scholl und Sophie Scholl von der Gestapo verhaftet und zum Tode verurteilt.

21. Juni 1943
Himmler befiehlt die Auflösung aller jüdischen Ghettos in Polen. Der Weg der Juden führt über die Vernichtungslager in den Tod.

6. Juni 1944
In der Normandie beginnt die alliierte Invasion.

20. Juli 1944
Hitler überlebt ein Attentat.

terricht unserer Schule waren das Leben der Germanen und Preußens Gloria unter dem „Alten Fritz" große Themen. Auch die Rassenkunde stand im Lehrplan. Am spannendsten fanden wir die Schule, wenn das Klassenzim-mer verdunkelt und der Schmalfilmpro-jektor aufgestellt wurde und zu schnur-ren begann. Viel Wert legten unsere Lehrer auf das Auswendiglernen möglichst langer Gedichte, und natürlich gehörten die „Glocke" von Friedrich Schiller, seine „Bürgschaft", Goethes „Erlkönig" und „Die Füße im Feuer" von Konrad Ferdinand Meyer dazu.

Das Leben im Luftschutzkeller

Die Kriegsereignisse griffen jetzt unmittelbar in unser junges Leben ein; mit den Luftangriffen der Alliierten auf deutsche Städte war eine Heimatfront entstanden. Das Aufheulen der Sirenen auf den Dächern gehörte bald zum Alltag. In den Treppenhäusern standen nun Eimer mit Sand und Wasser gefüllt, daneben eine Schaufel und die so genannte Feuerpatsche. Die Mieter jedes Hauses wählten aus ihren Reihen einen Luftschutzwart. Zur Gemeinschaft wurden sie im Luft-schutzkeller, wo sie sich zunehmend häufiger zusammenfinden mussten. Mit der Zeit hatte sich jeder dort einen

Stammplatz eingerichtet, auf einem vom Boden geholten Hocker oder einem alten Stuhl nebst Sofakissen. Unsere Stockwerks-Nachbarin brachte jedes Mal ihr Strickzeug nach unten, und die Familie vom Erdgeschoss ihren Kanarienvogel im zugehängten Bauer. Da bildeten sich Skatrunden und Schachpaare; Kinder hatten den Zeichenblock auf den Knien, ein Buch. Ausnahmslos alle hatten einen Koffer dabei, gefüllt mit einer Wäsche-Grundausstattung, Familienschmuck, Verbandszeug und den wichtigsten Papieren für den Notfall. Beil und Spitzhacke lagen immer bereit, um sich im Fall der Verschüttung des Kellers unter den zusammenbrechenden Mauern befreien zu können. Wenn dann der ersehnte langgezogene Sirenenton signalisierte, dass die Bombengeschwader abgezogen waren, eilten alle nach oben, um wieder schnell ins Bett zu kommen – mit Ausnahme des Luftschutzwarts. Seine Pflicht war es, auf dem Boden nachzuschauen, ob Brandbomben das Dach durchschlagen hatten und ob noch Zeit zum Löschen ohne Feuerwehr blieb – man konnte die gefährlichen Stäbe an einem nicht glühenden Ende packen und auf die Straße schleudern. Die älteren Jungen unter uns drängten gleich beim ersten Ton der Entwarnung ins Freie, um die begehrten Granatsplitter einzusammeln – am beliebtesten waren solche mit farbiger Markierung und Resten des Führungsrings.

Innerhalb 24 Stunden mussten wir an manchen Tagen acht Stunden im Luftschutzkeller verbringen

Wolldecke wird Jacke

Der Krieg griff nun immer gravierender in unsere Kindheit ein. Auf die Kinderlandverschickung folgte in vielen Fällen unmittelbar die vollständige Evakuierung ganzer Familien aus den Städten, das heißt der Mutter mit allen Kindern, die ohne den Kriegsdienst leistenden Vater umziehen mussten. Die Männer waren an der Front, viele gefallen oder in Kriegsgefangenschaft. Die Schüler fanden sich in neuen Klassen nach ihrer Herkunft bunt gemischt, da saßen nun Ortsansässige mit Evakuierten, Vertriebenen und Auslandsdeutschen nebeneinander und erlebten auch zusammen ihre Kommunion oder Konfirmation. Woher zur Feier den ersten dunklen Anzug nehmen und das festliche Kleid? Waren in den Läden waren knapp geworden oder gar nicht mehr erhältlich. Mutters Nähmaschine und der Änderungsschneider sorgten für Abhilfe, indem sie Vaters Garderobe und Mutters Cocktailkleid auf die Maße Heranwachsender schrumpfen ließen. In Papas Krawattensammlung fand sich der passende Schlips dazu.

Im Winter wurden Wolldecken zerschnitten, um sie für uns Kinder in wärmende Jacken zu verwandeln. So gut es ging, richteten wir unser Leben unter den Kriegsfolgen ein. Das uns zugewiesene unbeheizbare Schlafzimmer, gemeinsam zu nutzen von Mutter und Kindern, lag direkt über dem Kuhstall, dessen Ausdünstungen sich an den Wänden unserer Schlafstatt niederschlugen und im Winter zu Eis erstarrten. Auch auf dem Plumpsklo im Viehstall haben wir erbärmlich gefroren; an einem Haken war dort zu Quadraten geschnittenes Zeitungspapier anstelle Toilettenrollen aufgespießt. Während aus dem „Volksempfänger" Goebbels schneidende Stimme drang, als er auf einer Kundgebung die Massen

11. bis 14. Lebensjahr

vor ihm (und uns Radiohörer!) fragte: „Wollt ihr den totalen Krieg?", versuchte Mutter auf dem mit Holz oder Kohle befeuerten Herd eine einigermaßen abwechslungsreiche Mahlzeit zustande zu bringen, meist auf der Grundlage von Kartoffeln. Die hatten wir selbst geerntet – einer der Vorteile, die wir als Mitbewohner auf einem Bauernhof nutzen konnten. Der Bauer hatte uns ein Stück Land dafür zur Verfügung gestellt, auf dem er für uns immerhin mit dem vom Pferd gezogenen Pflug die Furchen vorbereitete. Auch ein Gemüsebeet legten wir dort an, das uns mit Möhren, Radieschen, Zwiebeln und Kopfsalat versorgte. Jeden zweiten Tag zogen wir mit dem Bollerwagen zum Hügel unseres Ackers hinauf, auch um auf dem Rückweg Reisig im Wald für das Küchenherd- und Ofenfeuer zu sammeln und aufzuladen.

Pilze, nämlich große, weiße, sehr schmackhafte Champignons bescherten uns die Viehweiden in Fülle, dazu das Vergnügen für uns Jungen, dort mit Erlaubnis des Bauernsohnes den Trecker mit der umgekehrt liegenden Egge im Kreis zu fahren, um so die Kuhfladen als Dünger zu verteilen: Das förderte nicht nur den Graswuchs, sondern auch die alljährliche Pilzschwemme. Auch den Nachtisch holten wir uns aus der Natur; wir pflückten Brombeeren und klaubten die Falläpfel unter den Straßenbäumen auf. Bucheckern sammelten wir im Wald und brachten sie zu einer Mühle, von der wir mit Flaschen voller sonst nicht käuflichen Öls zurückkamen. Groß war die Freude, wenn es beim Kaufmann mal eine Tüte Pulver für die „Götterspeise" gab, diesen kitschig-bunten, gelatinehaltigen Wackelpudding, den wir mit der darübergegossenen Milch über alles liebten.

Warschauer Ghetto

Im Oktober 1939 beginnen die Aussiedlungen von Juden in den von Deutschland besetzten Gebieten, von Anfang 1942 in größtem Maßstab. Ein Teil der abtransportierten Juden wird in Fabriken zu Zwangsarbeit eingesetzt, ein anderer Teil in polnische Ghettos verbracht; daneben läuft die vom SS-Führer Himmler geleitete Vernichtungsaktion gegen die Juden aus dem Reich; in den Konzentrationslagern Auschwitz, Majdanek, Treblinka und anderen werden laufend Tausende von Juden in Gaskammern umgebracht; die Zahl der Opfer erreicht schließlich sechs Millionen. Als die verbliebenen 60 000 Bewohner des Warschauer Ghettos sich nach dem Abtransport von 300 000 Juden in das Vernichtungslager Treblinka dem Räumungsbefehl Himmlers widersetzen, wird die Räumung mit militärischer Gewalt nach heftigen Häuserkämpfen vom 19. April bis 16. Mai 1943 durchgesetzt; dabei verlieren fast alle Juden ihr Leben.

Heimlich BBC gehört

Die Sondermeldungen des Oberkommandos der Wehrmacht im Rundfunk waren jetzt seltener zu hören, weil die militärischen Erfolge nach 1942 ausblieben. Anfang 1943 mussten sich die deutschen Truppen nach monatelangen Kämpfen um Stalingrad ergeben und wurden zu Hunderttausenden gefangengenommen. Der Bevölkerung in der Heimat konnte die als Tragödie empfundene Niederlage nicht verheimlicht werden, deshalb wurde eine dreitägige Trauer angeordnet. Das Attentat auf den Führer in der Wolfsschanze durch Graf von Stauffenberg am 20. Juli 1944 trug zu weiterer Verunsicherung in den Familien bei. Sollten wir noch an die von Hitler und Goebbels in Aussicht gestellte „Wunderwaffe" glauben?

Trotz der Gefahr, von Spitzeln der Gestapo denunziert zu werden, hörten wir in der Familie heimlich die deutschsprachigen Sendungen der Londoner BBC ab, nachdem wir das Erkennungssignal, die ersten Takte von Beethovens Schicksalssinfonie, leise gestellt hatten. Die Meldungen, die über die bevorstehende Niederlage und das Ende des Nazi-Regimes angesichts der vereinigten Übermacht der Gegner in Ost und West kaum noch Zweifel offen ließen, hinderte die Bäuerin unseres Evakuiertenquartiers nicht daran, uns nach der Rückkehr von der Schule mit „Heil Hitler" zu begrüßen. Und beim Jungvolk der Hitler-Jugend ließ man uns unverdrossen neben „Schwarzbraun ist die Haselnuss, schwarzbraun bist auch du ..." und „Wir lagen vor Madagaskar und hatten die Pest an Bord ..." und „Kein schöner Land in dieser Zeit ..." die aggressiven Lieder „Es zittern die morschen Knochen ...", „Siehst du im Osten das Morgenrot ... Volk ans Gewehr" sowie „Bomben auf Engeland ..." singen. Unter vorgehaltener Hand machte ein Vers die Runde, den kein Dritter mithören durfte: „Es geht alles vorüber – es geht alles vorbei – zuerst geht der Führer – und dann die Partei ..." (nach der Melodie des von Ilse Werner populär gemachten Schlagers).

Inzwischen hatten die Kriegsereignisse auch die ländlichen Gebiete erreicht. Während noch immer Bomben auf die deutschen Großstädte fielen, machten Tiefflieger die Landstraßen zwischen den Dörfern und Kleinstädten unsicher. Um den Vormarsch der britischen und amerikanischen Infanterie vorzubereiten – nach der Invasion in der Normandie am 6. Juni 1944 hatten die Alliierten bereits ganz Frankreich durchquert –, nahmen sie alles ins Visier, was sich dort bewegte, und so traf es vor der Kapitulation noch manchen Traktor oder Lieferwagen auf rein ziviler Fahrt.

So waren wir evakuierten Stadtkinder auch auf dem Land nicht gänzlich bewahrt von den Kriegsereignissen und erlebten das Leid der Dorfbewohner mit, die den erschossenen Treckerfahrer, einen jungen Bauernburschen, zu Grabe trugen. Hier bekamen wir auch den ersten Toten in unserem Leben zu

Gesicht: Der Pilot eines abgeschossenen britischen Tiefffliegers, nicht älter als Mitte 20, lag in der Feldmark neben den Trümmern seiner Maschine, aus der er beim Aufprall herausgeschleudert worden war; sein entstelltes Antlitz bleibt unausweichlich im Gedächtnis hängen als Inbegriff für das Grauen des Krieges.

Ein deutsches Bombenflugzeug über England

Attentat auf Hitler

Angesichts der sich 1944 an allen Fronten verschlechternden Lage verstärkt sich unter Offizieren der Wehrmacht und führenden Männern der zivilen Verwaltung die Einsicht, dass der Krieg nicht mehr zu gewinnen ist. Die sich bildende Verschwörung hat das Ziel, die Alliierten zu einem Waffenstillstand zu bewegen, sobald ein Attentat auf Hitler ausgeführt ist. Eine von Oberst im Generalstab Claus Graf Schenk von Stauffenberg am 20. Juli 1944 in seiner Aktentasche in das Führerhauptquartier Wolfsschanze gebrachte Bombe tötet mehrere Anwesende bei der Beratung am Kartentisch, verletzt jedoch Hitler nur leicht. Stauffenberg und drei Mitverschwörer werden sofort standrechtlich erschossen; um Mitternacht ist der Aufstand niedergeschlagen, nachdem Hitler durch eine Rundfunkansprache dem Gerücht, er sei getötet, ein Ende gemacht hat. Rund 7000 Verdächtige werden im Zusammenhang mit dem 20. Juli verhaftet. Der Volksgerichtshof unter Dr. Freisler verhängt Hunderte von Todesurteilen, die durch Strang und Beil vollzogen werden.

11. bis 14. Lebensjahr

1945-1949

Nachkriegszeit:
Die Kunst des Überlebens

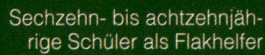

Sechzehn- bis achtzehnjäh-
rige Schüler als Flakhelfer

Die letzten Kriegswochen

Gegen Ende des Zweiten Weltkriegs waren wir 14 Jahre alt. Manche unserer
Klassenkameraden, die schon 15 oder 16 geworden waren, liefen noch Gefahr,
als Flakhelfer eingesetzt oder zur „Wehrertüchtigung" eingezogen zu werden.
So kam es, dass Schüler der Mittelstufe eines Gymnasiums auseinandergeris-
sen wurden. Die Älteren unter ihnen wurden in Uniformen gesteckt, in Schnell-
kursen an Gewehr und Panzerfaust ausgebildet; man schickte sie, wie auch
den schon 1944 zwangsweise aufgestellten „Volkssturm" aller waffenfähigen

Chronik

Januar 1945
Aufruf zum „Volkssturm": Hitler ruft zum „Endsieg" auf und verspricht den Einsatz von „Wunderwaffen".

7. Mai 1945
In Reims (Westfrankreich) unterzeichnen Generaloberst Jodl, Generaladmiral von Friedeburg und General Oxenius die bedingungslose Kapitulation, die am 9. Mai um 0 Uhr 01 in Kraft tritt.

5. Juni 1945
Berliner Deklaration: Die Regierungen der vier Siegermächte übernehmen die „Oberste Regierungsgewalt in Deutschland" und teilen Deutschland in vier Besatzungs-zonen auf.

6./9. August 1945
US-amerikanische Atombomben auf Hiroshima und Nagasaki in Japan.

2. September 1945
Unterzeichnung der Kapitulation Japans; Ende des Zweiten Weltkriegs.

22. Juli 1946
Die ersten deutschen Soldaten kehren aus sowjetischer Kriegsgefangenschaft zurück.

1. Oktober 1946
Urteilsverkündung in den Nürnberger Hauptkriegsverbrecherprozessen.

27. Januar 1947
Kältewelle in Zentraleuropa: bei Tiefsttem-peraturen von 20 Grad unter Null.

5. Juni 1947
US-Außenminister Marshall fordert ein wirtschaftliches Aufbauprogramm für Europa und die Einbeziehung Deutsch-lands. Dieses European Recovery Program (ERP) wird als „Marshallplan" bekannt.

14. Mai 1948
Proklamation der Unabhängigkeit des Staates Israel.

20.–23. Juni 1948
Währungsreform durch Einführung der D-Mark.

23. Mai 1949
Das Grundgesetz für die Bundesrepublik Deutschland tritt in Kraft.

Männer zwischen 16 und 60 Jahren, als letztes Aufgebot gegen den Vor-marsch der Alliierten an die Fronten, die nun schon in der Heimat lagen.

Schüler, die zu Hause blieben, erhielten Aufgaben an der Heimatfront, beim Aufräumen von Trümmern nach Bombardierungen, beim Einbringen der Ernten – wir lernten, wie man Getreide bindet und zu Stiegen auf-stellt, wie man Kühe melkt, Traktor fährt und Ackerpferde auf die Weide bringt, weil es für solche landwirtschaftlichen Routinearbeiten keine Knechte mehr gab, die schon seit Jahren Kriegs-dienste leisteten. Wir halfen, in der Turnhalle unserer Schule Stroh- und Matratzenlager einzurichten für die Flüchtlinge aus dem Rheinland und den Ostgebieten sowie für „Ausge-bombte", wie die Bürger genannt wurden, die ihre Wohnungen durch Fliegerangriffe verloren hatten. Ande-rerseits hatten wir für uns selbst zu sorgen: So versteckten wir unsere vielfach geflickten Fahrräder, als bekannt wurde, dass sie beschlag-nahmt werden würden, um damit die Gruppen zurückweichender deutscher Soldaten, deren Fahrzeuge verloren gegangen waren, beweglicher zu machen.

Da wussten wir längst, dass der Krieg, Hitlers „Endsieg", nicht mehr zu gewinnen war und bereiteten uns gedanklich und praktisch auf sein Ende vor. Das begann damit, dass wir auf der Straße unserem Führer in der

Hitlerjugend auswichen, sobald wir ihn von fern erblickt hatten, um nicht mehr den Hitlergruß entbieten zu müssen; das führte auch dazu, dass wir und beherzte Mütter den Kolonnen der in letzter Stunde in Marsch gesetzten Elendsgestalten von geschwächten Kriegsgefangenen und kaum noch gehfähigen Häftlingen aus Konzentrationslagern Brot, Obst und Wasser heimlich zusteckten.

Die Kapitulation

Während die Rote Armee auf Berlin vordringt, hält sich Hitler im Bunker der Reichskanzlei auf. In der Nacht vom 28./29. April 1945 lässt sich Hitler von einem Standesbeamten mit seiner langjährigen Gefährtin Eva Braun trauen und setzt ein Testament auf, durch das er Göring und Himmler als Verräter ausschließt und Großadmiral Dönitz zu seinem Nachfolger ernennt. Als er am 30. April die Nachricht erhält, dass ein Befreiungsangriff der Generäle Keitel und Jodl gescheitert ist, erschießt er sich. Auch Eva Braun, die Gift genommen hat, sowie Goebbels und seine Familie und zwei Generäle begehen Selbstmord in der Reichskanzlei. Trotz erbitterter Abwehr, an der sich Volkssturm und Hitlerjungen beteiligen, muss Berlin am 2. Mai kapitulieren. Dönitz entsendet in seiner neuen Eigenschaft als Nachfolger Hitlers Generaladmiral von Friedeburg und Generaloberst Jodl nach Reims zum Hauptquartier Eisenhowers, der die Gesamtkapitulation verlangt. Dort unterschreibt Jodl am 7. Mai für die gesamte deutsche Wehrmacht. Am 9. Mai wird dieser Akt auf Verlangen Stalins im sowjetrussischen Hauptquartier in Karlshorst bei Berlin durch Generalfeldmarschall Keitel, Generaladmiral von Friedeburg und Generaloberst Stumpf wiederholt. Damit ist das Ende des Dritten Reichs besiegelt.

Die Sieger als Befreier

Wir 1931er, die meisten unter uns, erlebten die Sieger bei ihrem Einmarsch nicht als Feinde, sondern als Befreier, jedenfalls in den Westzonen. Wir hatten ja die Schrecken des Krieges während Kindheit und Jugend leibhaftig und verstandesmäßig voll erfahren, sei es im Luftschutzkeller, beim Verlust von Angehörigen oder als Vertriebene in den entbehrungsreichen Flüchtlingstrecks. Als in der Vorstadt oder im Dorf – viele von uns waren mit unseren Familien in die Randzonen und aufs Land evakuiert worden – die ersten Jeeps der Amerikaner oder Engländer auftauchten, wagten wir uns nach draußen, standen beobachtend am Straßenrand und fanden uns unerwartet angesprochen von den Besatzern: „Tell me, which way to the townhall, to the center?" Trotz der ungewöhnlichen Situation empfanden wir einen gewissen Stolz, zum ersten Mal eine Fremdsprache praktisch erproben zu können. Das war auch hilfreich, wenn die fremden Soldaten plötzlich in der Tür standen.

Besatzungstruppen als Befreier

Die erste Tafel Schokolade

Das Kriegsende. Erleichterung und Furcht zugleich bestimmten die ersten Wochen nach der Kapitulation. Erleichterung, weil wir keine Bombenangriffe mehr zu befürchten hatten, doch Angst vor der Zukunft, auf Gedeih und Verderb den Siegern ausgeliefert zu sein, ließ sich nicht verdrängen. Ganz real wurden die Befürchtungen, als die von der Militärregierung in Lagern zusammengeführten ehemaligen Zwangsarbeiter, Polen, Russen, Ukrainer, Franzosen und andere ihre Freiheit nutzten, um sich für das erlittene Unrecht zu entschädigen. Zwar erwies sich das

Gerücht, die Militärregierung habe ihnen während einiger Tage Plünderungsfreiheit erlaubt, als falsch, aber es war doch riskant für uns, sich mit dem Fahrrad auf der Straße zu zeigen; manchem von uns wurde es von einem Fremdarbeiter weggerissen. Anders verlief die Begegnung mit den Besatzungssoldaten: In unserer Kleinstadt, bevor sie ihre Quartiere und Kasernen bezogen, saßen die

15. bis 18. Lebensjahr

„Amis", mit dem Rücken an eine Hauswand gelehnt, mit ausgestreckten Beinen auf den Bürgersteigen; wenn ein Kind vorbeikam, konnte es nicht selten eine ihm lächelnd angebotene Tafel Schokolade mit nach Hause bringen.

Stolz als Kohlenklauer und Schwarzhändler

Es folgten Tage und Wochen ohne Schulunterricht. Die nutzten wir, um unseren Familien zu helfen; Lebensmittel waren ja noch knapper als zu Kriegszeiten geworden. Wir zogen mit dem Bollerwagen los, um uns im nächsten, bis zu zehn Kilometer entfernten Dorf Kartoffeln oder Steckrüben zu holen. Im Wald trafen wir uns, um uns nach Bucheckern zu bücken, aus denen sich Speiseöl pressen ließ. In den Wald gingen wir vor allem auf der Suche nach Brennholz; wenn wir nicht genug Reisig fanden, hackten wir verbotswidrig Äste und kleine Bäume ab. Noch effektiver freilich war es, sich in Bahnhofsnähe auf die dann langsamer fahrenden Güterzüge zu schwingen und Kohlen, Briketts oder Koks herunterzuwerfen und später aufzusammeln. Schnell machten Informationen die Runde, wenn wieder ein Lager geöffnet wurde, von dessen Existenz

Schwarzmarkt auf dem Bauernhof

niemand etwas wusste und in dem während des Krieges Vorräte angelegt
worden waren. Wir schlichen uns hinein und fanden für uns lange Entbehrtes in
Fülle: Margarine, Streichhölzer, Niveacreme, Taschenspiegel, Bleistifte,
Schreibpapier, Stoffballen, Zigaretten, sogar Mehl und Zucker in Zentnersä-
cken aus Jute – alles ideal als Tauschmaterial auf dem Schwarzmarkt ...

Der Schwarzmarkt blühte auf und wurde als Überlebenshilfe geradezu ein
Kennzeichen der kargen Nachkriegsjahre. Wer Zigaretten als Schwarzwährung
auftreiben konnte, war am besten dran: Dafür gab es Bohnenkaffee, Zucker,
Speck, Zahnbürsten, Kämme und Unterwäsche; so begehrte Dinge wie ein
Rollfilm kosteten 20 Zigaretten. Viele Städter trennten sich von ihren Uhren, von
Schmuckstücken, Gläsern und Porzellan und boten ihren Besitz den Bauern im
Tausch gegen Essbares an. Günstig dran waren Evakuierte und Vertriebene,
die auf einem Bauernhof einquartiert waren, da fielen schon mal Hühnereier,
Kartoffeln, Bohnen, Erbsen oder Salatköpfe ab, seltener, wenn wieder ein
Schlachtfest anstand, auch mal ein Stück Fleisch oder Wurst. Manche Evaku-
ierte hatten das Glück, von ihrem Wirt ein Stück Acker zugeteilt zu bekommen
zur eigenen Bewirtschaftung, dann waren Kartoffelknollen das wichtigste
Saatgut; sogar in den Städten, wo Vorgärten und Parkflächen umgegraben
wurden, um dort Nutzpflanzen zu ziehen. Rund um die aus Wellblech hochge-
zogenen, als „Nissenhütten" bekannt gewordenen Behelfsheime entstanden
Kartoffeläcker und Gemüsebeete.

15. bis 18. Lebensjahr

Nissenhütten

Obdachlose im Nachkriegsdeutschland, auch eingewanderte Russlanddeutsche, werden in den so genannten Nissenhütten (Erfinder P. N. Nissen, England) untergebracht. Sie werden als vorgefertigte Einzelteile aus England importiert und besonders in den britisch besetzten Gebieten in Form einer halbierten Tonne zusammengestellt, die Stirnseiten mit Holzwänden ausgesteift. Allein in Hamburg wohnen 10 000 Menschen in solchen Wellblechhütten auf je 40 qm, jeweils zwei Familien, aber öfter auch bis zu zehn Personen.

Kuchen aus Kaffee-Ersatz und Rübensaft

Wir Deutschen wurden zu Meistern der Improvisation. Notrezepte wanderten von Mund zu Mund. Aus Magermilch oder Molke, die man vom Bauer abholen konnte (der bekam sie täglich in seinen Kannen, in denen er seine Kuhmilch abgeliefert hatte, als Futtermittel zurück), ließ sich Quark und aus dem wiederum Kochkäse machen. Aus einer Mischung aus Grieß, zerstampften Zwiebeln, Äpfeln und Salz gewann man, mit Wasser sämig zerkocht, einen Brotaufstrich als Schmalzersatz, und mit Hilfe von Kaffee-Ersatz ließ sich ein Pseudo-Schokoladekuchen backen. Die Mädchen fanden heraus, wie man aus Stroh Zöpfe flechten und diese zu zwar unförmigen, aber praktischen Hausschuhen zusammennähen konnte. Im Wald fanden wir Steinpilze und auf den Weiden Champignons. Die Brombeer- und Himbeersträucher an Wiesen- und Waldrändern waren zur Reifezeit im Nu leergepflückt, das Fallobst unter den Straßenbäumen abgeräumt. Kaufen konnte man Lebensmittel nur gegen Bezugsscheine. Die Lebensmittelmarken mussten zu jedem Einkauf vorgelegt werden, und dann schnippelte der Händler mit seiner Schere die entsprechenden Felder für Butter,

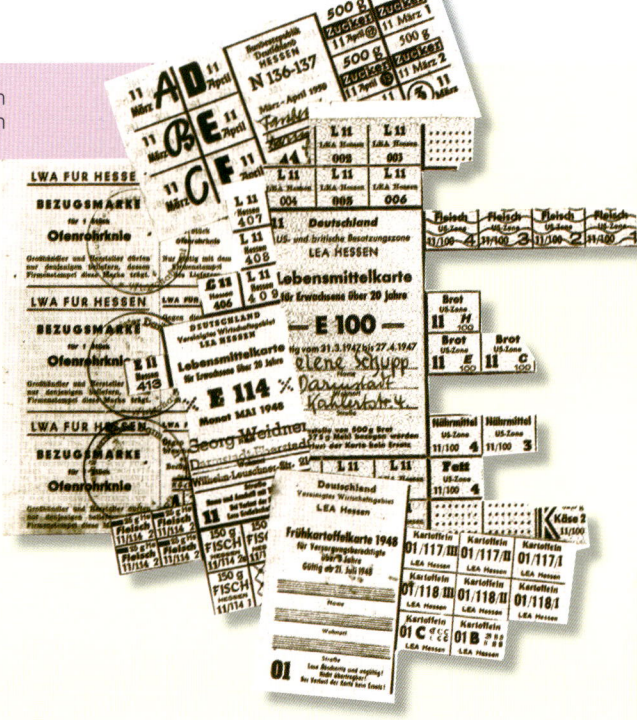

Käse, Eier, Fleisch und Wurst ab. Das bedeutete für ihn Mehrarbeit nach Feierabend: Sie mussten geordnet, säuberlich aufgeklebt und beim Großhändler vorgelegt werden.

Bei „unserem" Bauern saßen wir zur Erntezeit für Zuckerrüben auf Hockern im Kreis auf dem Hof und schabten von Hand mit dem Messer die Schale von den weißlichen Knollen. Dann wanderten die gereinigten Rüben in den großen Kupferkessel der Waschküche, wo sie vom Holzfeuer gargekocht und anschließend von der Walzenpresse ausgequetscht wurden. Der goldgelbe Saft kam nochmals stundenlang aufs Feuer, bis er eingedickt und dunkler getönt in Gläser und Krüge gefüllt wurde. Dieser Sirup war für Jahre unser Haupt-Brotaufstrich und Süßmittel für Speisen aller Art. In der Pfanne auf dem Herd ließ sich der Sirup sogar zu schwarz glänzenden Bonbonscheiben verwandeln.

Zusammenleben mit Zugewanderten

Zwischen den Einheimischen und den zugewanderten Neubürgern ergaben sich neben solchen lebensnotwendigen Berührungspunkten zur Bewältigung des Alltags auch ungezwungene. So traf man sich bei den „Vergnügungen", den Tanzfesten am Wochenende im Versammlungsraum der örtlichen Gaststätte. Eine Kapelle spielte auf und bei Walzer, Polka und Foxtrott schwankte mitunter der Bretterboden unter dem Andrang der Tanzenden.

Es muss als eine der größten Leistungen im Nachkriegsdeutschland gewürdigt werden, wie die in den Monaten vor und nach dem „Zusammenbruch" einsetzenden Massenbewegungen heimatlos gewordener Menschen logistisch und in sozialer Hinsicht bewältigt wurden. Die in den Besatzungszonen einge-

15. bis 18. Lebensjahr

richteten Militärregierungen arbeiteten mit bisherigen und neu ernannten Bürgermeistern und der Polizei zusammen, um der geballten Not Herr zu werden. Die Gemeinden richteten Notaufnahmelager für die Ausgebombten, die Vertriebenen und Flüchtlinge aus den Ostgebieten ein; in Schulen, Tagungsstätten und den Tanzsälen größerer Gaststätten wurde Stroh aufgeschüttet für die Nachtlager, wurden Wolldecken beschafft aus den aufgelösten Vorratsbeständen von Wehrmacht und ehemaligen NS-Behörden. Nicht selten fanden sich aus eigenem Antrieb gutwillige Einheimische, die Kinder mit zu sich nach Hause nahmen. So kam es, dass Familien nach ihrer Flucht etliche Zeit getrennt unterkommen mussten. Andererseits wurden Fälle bekannt, wie Militärpolizisten Vertriebenen in die Häuser Ortsansässiger regelrecht Zutritt verschaffen mussten. Um die gemeinschaftliche Nutzung der Küche musste verhandelt werden; um die Kochzeit auf dem einzigen Herd abzukürzen, tat die damals weitverbreitete „Kochhexe", ein mit Glaswolle isolierter Kasten, gute Dienste.

Schulspeisung im Nachkriegsdeutschland

Schulen machen Kohleferien

Immerhin früher als erwartet machten die Schulen wieder auf. Wir wurden zu ärztlichen Untersuchungen gerufen, um uns in Kategorien der Schulspeisung einteilen zu lassen. In Kategorie I fanden sich die gesündesten Schüler, die in Kategorie II waren zu einem

Milchfrühstück berechtigt. In unserem ersten Stundenplan fehlte das Kunstfach, denn unser Zeichenlehrer war gefallen. Eine Mathematikstunde war darin nur einmal wöchentlich angesetzt, weil der einzige übrig gebliebene Fachlehrer, der aus Altersgründen nicht eingezogen worden war, nun für alle Klassen der Schule einspringen musste. So manche andere Stunde fiel aus – manchmal, im Winter, musste die ganze Schule wegen Mangels an Heizmaterial geschlossen bleiben, dann gab es „Kohleferien". Wir nutzten solche Pausen während der Schulzeit, um uns im Café oder der Eisdiele zu treffen. Hier und auf dem Schulhof begannen wir, uns für Mädchen zu interessieren, die wir schon aus dem Gemeinschaftsunterricht kannten – aber in der Parallelklasse saßen natürlich die vermeintlich hübscheren. Die Annäherungsversuche blieben damals eher harmlos, wir waren schüchtern und schon froh, wenn uns die Angeschwärmte erlaubte, sie nach der Tanzstunde nach Hause zu begleiten; der Kuss im Treppenhaus war dann das Höchste.

Suchdienst des DRK

Als Folge der Kriegsereignisse sind Millionen von Familienangehörigen voneinander getrennt worden. In den Nachkriegsjahren bekommt der Suchdienst des Deutschen Roten Kreuzes immer größere Bedeutung: Seine Nachforschungen nach den Vermissten des Zweiten Weltkriegs, nach dem Schicksal von Gefallenen, Vertriebenen, Flüchtlingen und verlorengegangenen Kindern sind beeindruckend erfolgreich. Seit 1945 können mehr als 17 Millionen Menschen wieder miteinander in Verbindung gebracht werden, über 1,1 Millionen Verschollenenschicksale von Soldaten und Zivilgefangenen abschließend, weitere 1,1 Millionen vorläufig durch Gutachten geklärt werden sowie rund 300 000 Kinderschicksale unter großer Anteilnahme der Bevölkerung.

Wer wird entnazifiziert?

Den Zusammenhalt in der Klasse, dieser Mischung aus Einheimischen, Evakuierten und Vertriebenen, förderten unsere Lehrer als Regisseure von Schüleraufführungen. Unsere Klassenlehrerin traute sich schon wenige Jahre nach

Ausgabe der Fragebögen zur Entnazifizierung in der US-Zone

dem Zusammenbruch in ihrem Deutschunterricht, auf Ursprung und Verbrechen der Nazi-Herrschaft einzugehen. Themen waren vor allem die Judenverfolgung und -vernichtung, die Verhandlungen des Internationalen Militärtribunals gegen die Führer des Dritten Reiches, besser bekannt als die Nürnberger Prozesse, sowie die in Gang gekommene und noch fortlaufende Entnazifizierung. In vielen Familien machten sich Sorgen breit, wenn der Ernährer in der Partei gewesen war; es gab Firmen, die alle Angestellten, die vor 1937 NSDAP-Mitglied geworden waren, entlassen wollten. Manche Schulstunde verging, ohne dass wir ein Buch aufschlagen mussten oder abgefragt wurden, wenn einer unserer Lehrer, ein Flüchtling, aus freien Stücken über das Kriegsende im Osten berichtete, von der Angst der Frauen vor den Russen, Befürchtungen, die sich bewahrheiteten, als die zurückgebliebenen Bewohner Plünderungen und Vergewaltigungen über sich ergehen lassen mussten.

Kriegsheimkehrer

Obwohl eine Außenministerkonferenz in Moskau 1947 die Rückführung aller Kriegsgefangenen bis 1948 beschließt, hält die Sowjetunion noch Millionen von ihnen jahrelang fest; sie erklärt 1950, seit der Kapitulation Deutschlands seien 1 939 063 Kriegsgefangene repatriiert worden. Erst zehn Jahre nach Kriegsende, dank der Verhandlungen des deutschen Bundeskanzlers Konrad Adenauer in Moskau vom 9. bis 13. September 1955, bei denen auch die Aufnahme diplomatischer Beziehungen mit der UdSSR vereinbart werden, kommen die letzten Gefangenen frei. Die Heimkehrer werden unter großer Anteil-

Nach Jahren der Trennung: die Stunde der Heimkehr

nahme der Medien im Grenzdurchgangslager für Kriegsgefangene, Vertriebene und Aussiedler in der Gemeinde Friedland (Kreis Göttingen) empfangen und versorgt.

Wundersamer Wandel nach der Währungsreform: Über Nacht waren die Läden wieder voll

Für alle 40 DM

Mit der Einführung der Deutschen Mark veränderte sich die Welt für uns von einem Tag auf den anderen. In meinem Tagebuch vermerkte ich: „Ein Wunder geschah. Die Geschäftsleute machten alle Hokuspokus, über Nacht waren die

15. bis 18. Lebensjahr

Schaufenster voll mit jahrelang nicht gesehenen Dingen: Fahrräder mit Berei-
fung, Bügeleisen, Kocher, Tauchsieder, Taschenlampen und Batterien, Wecker,
Brillen usw." Wir Schüler konnten nun endlich die vielfach geflickten Schläuche
und Mäntel unserer Räder ersetzen. Es war der Beginn des Wirtschaftsauf-
schwungs. Am 1. Mai 1950 fiel schließlich die letzte Lebensmittel-Rationierung.
In Erinnerung an die Zeit vor der Reform bleibt das scheußlich-süße, rote
Heißgetränk, das jahrelang an allen Kiosken unbeschränkt zu haben war – eine
frei zugängliche Zumutung an den guten Geschmack.

Die Kopfquote:
40 DM für jedermann

Die Währungsreform

*21. Juni 1948 – der Tag des Sommeran-
fangs ist auch der Stichtag der Währungsreform. In den westlichen Besatzungszonen wird die Reichsmark (RM),
auf den Konten nominal auf zehn Prozent
ihres Wertes geschrumpft, durch die
Deutsche Mark (DM) ersetzt. Am ersten
Tag bekommt jeder eine Art Handgeld,
40 DM als Kopfquote, von den Banken
ausbezahlt, sodass alle Bürger der
Westzonen für wenige Stunden die
gleiche Menge Bargeld in den Händen
halten. Die Ostzone unter sowjetischer
Verwaltung schließt sich davon aus – ein
weiterer, entscheidender Schritt zur
Vertiefung der Spaltung. Das bisherige*

*Kleingeld bleibt für eine Übergangszeit
im Umlauf zu einem Zehntel des Nenn-
werts. Den 20-Pfennig-Fahrschein der
Straßenbahn kann man also mit 200
einzelnen Reichsmark-Pfennigen bezah-
len. Die Umstellung hat ungeahnte
Folgen. Musste man vorher mit 70
Reichsmark für eine Ami-Zigarette
rechnen, gibt es nach dem Tag X
deutsche Zigaretten für 20 neue Pfennig
das Stück. Ein einfacher Netzstecker, der
früher 25 Mark und eine Bezugsmarke
kostete, ist von einem Tag zum anderen
im freien Verkauf erhältlich. Die Reform
setzt den Rückstau einer allgemeinen
Warenhortung frei.*

Kino – Kino – Kino

Erstaunlich, wie früh damals die Filmindustrie nach den Produkten heroischer Durchhalte- streifen im Dritten Reich zu neuen Ufern fand. Die Kinos lockten uns mit Lustspielen, z. B. „So ein Früchtchen" (1942) mit Lucie Englisch, Fita Benkhoff und Paul Hörbiger; „Die lustigen Vagabunden" (1940) mit Johannes Heesters und Rudolf Platte; „Him- mel, wir erben ein Schloß" (1943) mit Hans Brausewetter und Anny Ondra. Schon bald hatten wir Gelegenheit, über die Probleme der Nachkriegszeit aufgreifende Themen zu diskutieren in Filmen wie „In jenen Tagen" (1947) oder „Liebe 47" (1948) mit Hilde Krahl und Karl John, basierend auf dem Spätheim- kehrer-Drama „Da draußen vor der Tür" von Wolfgang Borchers.

Ende der 40er-Jahre kamen englische und amerikanische Produktionen in die Kinos, die uns begeisterten und die zu Klassikern wurden, wie „Der Glöck- ner von Notre Dame" (1939) mit Charles Laughton und Maureen O'Hara, oder wie Orson Welles' „Der dritte Mann" (1950). Wir ließen keinen dieser Importe aus. Von 1949 an begleitete die Wochenschau, seinerzeit jeder Vorführung vorangesetzt, das Werden und die Entwicklung der Bundesrepublik, seitdem im September des Jahres Professor Theodor Heuss (FDP) zum Bundespräsi- denten und Dr. Konrad Adenauer (CDU) zum Bundeskanzler gewählt wurden.

Die Tanzschule

Unsere Hausaufgaben für die Schule blieben manchmal liegen, wenn wir die Abonnement-Mappe des Lesezirkels mit den Illustrierten durchblätterten. Wie sich die Schauspieler kleideten und die Modefotos blieben auf uns nicht ohne Wirkung. Die Mädchen kauften sich Petticoats, Twinsets und Nickitücher, die

15. bis 18. Lebensjahr

Das erste große Fest nach entbehrungsreichen Kriegsjahren: der Abschlussball in der Tanzschule

Jungen eine Weste zum Anzug und den ersten Hut: Die Tanzvergnügen im Sportverein und Schulbälle forderten ihren Tribut der Eitelkeit.

Kaum einer unserer Freunde aus dieser Teenager-Zeit ließ die Tanzschule aus, wo es darauf ankam, den passenden oder attraktivsten Partner bzw. die hübscheste Tänzerin auszuwählen – hier begann der Wettbewerb unter den Geschlechtern. Am einfachsten war es, wenn die Klassenfreundin oder der Schwarm aus der Parallelklasse denselben Kurs besuchte. Denn der Umgang von Jungen und Mädchen miteinander war meist von Schüchternheit geprägt. Wir waren stolz und glücklich, wenn wir unsere Angebetete nach der Geburtstagsfete oder dem Abtanzball nach Hause bringen durften. Im Treppenhaus des Mietwohnhauses, ohne das Licht einzuschalten, oder vor der Haustür im Vorgarten war dann Gelegenheit, den ersten Kuss zu wagen. Die große Ausnahme war der Klassenkamerad, Sohn eines begüterten Geschäftsmannes, der den brandneuen Ford Taunus seines Vaters, eines der ersten deutschen Nachkriegsautos in seiner typisch runden Buckelform, zum Abholen und Nachhausebringen der Freundin vorführen konnte.

Siegeszug des Petticoat